说话有道

视频学习版

张子凡◎著

中国经济出版社
CHINA ECONOMIC PUBLISHING HOUSE
·北京·

图书在版编目（CIP）数据

说话有道：视频学习版／张子凡著．
—北京：中国经济出版社，2020.4
ISBN 978-7-5136-6104-1

Ⅰ.①说… Ⅱ.①张… Ⅲ.①语言艺术—通俗读物 Ⅳ.①H019-49

中国版本图书馆 CIP 数据核字（2020）第 046571 号

责任编辑　李丰　闫丽
责任印制　巢新强
封面设计　华子图文

出版发行　中国经济出版社
印 刷 者　北京力信诚印刷有限公司
经 销 者　各地新华书店
开　　本　880mm×1230mm　1/32
印　　张　6
字　　数　134 千字
版　　次　2020 年 4 月第 1 版
印　　次　2020 年 4 月第 1 次
定　　价　45.00 元
广告经营许可证　京西工商广字第 8179 号

中国经济出版社 **网址** www.economyph.com **社址** 北京市东城区安定门外大街 58 号 **邮编** 100011
本版图书如存在印装质量问题，请与本社销售中心联系调换（联系电话：010-57512564）

前言 PREFACE

但凡成功人士，都练就了价值百万的好口才。初次见面时，就能赢得他人好感；一开口，就能收服人心；说话有侧重，一招搞定天下人。会说话不仅可以让你在职场中处处抢占先机、所向披靡，也会让你在社交场合柳暗花明、无往不利。想象一下这些场景：初次见面时、求人办事时、尴尬冷场时、遭人拒绝时、针锋相对时，如何做到长话短说、虚话实说、坏话好说、狠话柔说、笑话冷说、急话缓说，让人在听着舒服、愉悦的基础上，心甘情愿地为你跑腿、帮你办事、与你合作。的确，一句话能让对方笑，一句话能让对方跳，知道怎么说比说什么更重要。

说话是一门高深的学问，会说话不是一种与生俱来的能力，而是需要我们后天不断地练习才可以获得的。本书从说话的各个层面入手，深入挖掘、整合各种沟通方法，帮助读者逐步改变自己的思维习惯，从交流障碍的困扰中解脱出来。可以说，本书各章的每一小节就是一个说话的小技巧，同时辅以案例解读，帮助你更好地掌握这些高情商人士都在用的沟通技巧，让你随时随地跟任何人都能聊得来。

既然谈聊天说话主题，仅阅读文字显然不够生动。为了让读者有更好的阅读体验，轻松习得说话技巧，我们在书中做了33个视频学习专题，这也是本书与其他口才类图书最大的不同。你可直接在视频目录页查看对应视频，也可在阅读过程中用手机扫描相应的二维码，观看笔者对本书重点及难点内容的现场解读、口才示范及案例分析，真正做到学得会、用得上。

会说话不是万能的，但不会说话绝对是万万不能的。绚丽成功的人生，与你所拥有的超强口才密不可分。可以说，会说话赢天下，敢说话赢天下，能说话赢天下，愿本书助力你成为进退自如的说话高手，想打动谁就打动谁，处处受欢迎不在话下。

目录 CONTENTS

第六章　让沟通轻松起来

视频目录

第一章

让自己成为聊天高手

张口就能吸引人，句句说到对方心坎里。如何随时随地跟任何人都能聊得来？聊天高手不是说出来的，而是练出来的。练好说话基本功，走遍天下都不怕。

闭上你的嘴，学会聆听

有人说，人的一生中有三件重要的事情，即做人、说话、办事。做人是为人的根本，说话是社交的需要，办事是生活的基石。

拥有好口才的重要性可以从多个方面体现出来。首先在办事方面，有的人口才好，左右逢源，跟谁都能聊得特别好，很多难办的事情轻而易举地就办成了；而有的人张口就惹人讨厌，没有人愿意跟他交谈，在别人看来很容易办成的事情，到他那里就变得相当棘手。其次在社交方面，拥有好口才，总是会让人觉得舒服，你说的话能够像磁铁一样吸引别人，别人就愿意跟你成为朋友，你的社交范围就会越来越广泛。最后在自身发展方面，拥有好口才的人更容易得到他人的帮助，从而改变自己的人生轨迹，朝着更好的方向发展。

既然好口才如此重要，那么怎样才能成为一个会说话的人呢？

好口才重在练习，但是并非盲目练习，需要讲究一定的技巧。其中，最重要的一个技巧就是适时闭上你的嘴。或许有人会想，闭上嘴那还怎么说话呀？这是什么说话技巧！事实上这仅仅是你拥有好口才的第一步。想要学会说话，就必须先学会聆听。

如果在交流的过程中，你一直在说，而别人一直在听，那么你就会因为光顾讲话而忽略很多细节，以致失去了学习的机会。

案例 小李是公司新入职的员工，自视甚高，觉得自己可以凭借好口才在公司争得一席之位。为了欢迎小李，经理特意邀请各部门的同事聚餐，希望给小李一个和大家熟悉的机会，方便开展以后的工作。

席间，小李一直滔滔不绝地说着话，从这个部门的同事聊到那个部门的同事，几乎对每一个人他都发表了“感言”。从表面上看，这次聚会完全就是小李的主场，整个晚上几乎没给别人说话的机会。

聚餐结束以后，小李对自己的表现非常满意，认为已经“拿下”了所有同事。然而第二天他并没有受到想象中的同事们对自己的那种热情，他甚至感觉同事们对自己开启了“抱团排挤”的模式，这让小李百思不得其解。

后来小李跟经理反映了自己的困惑，才从经理口中得知，原来是自己在餐会上，根本没有聆听同事们说话，以致自我感觉良好的好口才在同事看来变成了炫耀的工具。

案例解读 当你下定决心想要拥有好口才时，你首先要学习聆听别人说话，而不是一味地自己去说。如果你在与人交往的过程中不断地说，并且还没有人打断你，那么只有两种可能：一种可能是你讲得非常好，另一种可能是别人出于礼貌不好意思打断你。即使是前者，你的话充满哲理，也不能超过一定时间，不然别人听多了也会感到枯燥，对你的印象也会减分。

说话高手总是善于聆听的，我们要成为说话高手，首先就要学会适时控制自己的说话时间，多听少说。

视频 1　真正的说话高手，是听别人说话的人

言多必失，少说多听，沟通效果会更好。手机扫描下方二维码观看视频，看看聊天高手是如何讲解本节内容的。

不聊无准备的天

聊天是门艺术，我们想要成为沟通高手，如何与别人聊天就成了一门必须要掌握的技能。如何学会聊天？如何聊好天？我们必须要做到的就是不聊无准备的天。

在日常生活中，人们对于聊天总是不当回事，将其看得很随意，觉得聊天不就是说话嘛？说话谁不会啊！也许，你还真的不会说。

高手聊天，聊得越来越投机，越来越透彻，能够将死的“天”聊活。而你聊天，极可能会越聊越着急，越聊越上火，本来活的“天”也让你聊死。所以要想成为沟通高手，必须做到认真准备，合理安排，以便聊起天来，有意思、有内涵、有水平。

案例 1 过年的时候同学聚会，本来是一种非常开心、快乐的氛围，结果小王与小李吵了起来，弄得大家很不开心。而事情的起因是关于孩子的话题。

小李已结婚多年，但是至今没有孩子，这已经成为他的一个心病，所以每当看到别人家活泼可爱的孩子时，他都十分羡慕，同时也特别忌讳别人问他关于孩子的话题。

聚会中，大家互相问候着，关心着每个人的生活。大家的孩子正值可爱的年龄，所以每个人谈起自己的孩子来，都滔滔不绝，都渴望与别人分享自己孩子的趣事。

小李默默地吃菜、喝酒，不参与大家的讨论。

在场的大多数人都知道小李没有孩子的事情，所以大家也都不问他关于孩子的事情，可是刚从外地回来的小王对这一情况不了解。

小王问小李的孩子多大了，男孩儿还是女孩儿……他也是好意，不想让小李产生被冷落的感觉，但在小李听来，觉得他是在当众出自己的丑，心中便有一些不痛快。而小王这个人还不善于察言观色，对小李表情的变化没有察觉，还在追根刨底地问，小李不耐烦地告诉小王自己没有孩子。小王的嘴还不停，继续问什么原因，说一些“是不是不喜欢孩子，有个孩子多好”之类的话。

就这样一句接着一句，处处往小李的痛处上面戳。本来对这个话题就十分敏感的小李，听了小王的话气不打一处来，当场翻脸，吼道：“我有没有孩子关你什么事？用得着你来管吗？你有孩子了不起吗？用得着这样抓住不放吗？”

场面十分尴尬，大家都不再说话了。

最终，好好的同学聚会不欢而散。

案例解读　之所以出现如此尴尬的局面，关键的原因是小王没有对聊天做好充足准备。所以说，聊天看似随便，里面的学问其实是很大的。因此，我们在聊天之前一定要做好准备，只有准备充分，才能聊得有水平，聊得有乐趣。

案例2 韩国电影《我的野蛮女友》中有这么一段剧情：

男主人公为了给女主人公过生日，深夜与女主人公来到了游乐园，但不幸的是他们在这里碰到了一个荷枪实弹的逃兵，二人成了逃兵手中的人质，情况十分危急，两人的生命遭受到了威胁。而且这名逃兵是因为女朋友背叛了自己才选择从军营出逃的。当他看到男女主人公这对恩爱小情侣的时候，心里十分不平衡——为什么别人可以那么恩爱，自己却遭受了背叛？

逃兵的这种心理不平衡更加剧了男女主人公的危险。可以说一言不慎，二人就有生命危险。不过庆幸的是女主人公可谓是一位聊天的高手，她张口一声“兵哥哥”就抵消了逃兵一大半的怨气。接下来女主人公对逃兵晓之以理，动之以情，从多种角度劝导逃兵要为了自己的人生着想，不能因为女朋友的背叛就自暴自弃。最终，在女主人公的劝说下，逃兵终于放弃了冲动的想法，放下了武器，在他被带走之前，感谢女主人公的劝导，并送上祝福。

案例解读 与上一个案例中的小王相比，这个案例中的女主人公就很聪明。她可以根据实际的情况选择合适的语言，化解遭遇的危机。一个亲昵的称呼，瞬间就拉近了逃兵与自己的心理距离，化解了对方对自己的敌意，再通过循循善诱的劝解，将一个冲动的人从他错误的逻辑中解救出来，最终有惊无险地化解了危机。

在日常生活、工作中，夫妻之间或者很要好的朋友之间常有一方发出这样的抱怨：“我跟你说话难道还需要打个草稿吗？”这样说话的人显然没有认识到聊天的真谛，对聊天的认识还处在一种茫然的状态，不知道应该怎么聊天，怎样才能聊好天。

聊天需要打草稿吗？当然需要了。一次成功的聊天，一定是建立在良好的准备基础之上的。在为聊天做准备的时候，我们可以从以下五个方面入手：

第一，从人性的角度。只有读懂了人性，才能掌握聊天的真谛。人性都是相通的，每个人都爱美不爱丑，每个人都喜夸不喜骂，每个人都喜笑不喜哭，诸如此类，都是人性的体现。所以我们聊天要聊大家爱听的，容易接受的。创造一个良好的聊天环境，才能达到最佳的聊天效果。

第二，对具体情况的了解。在聊天之前，必须要对将要聊的内容和聊天对象有一个详细的了解，做好这些准备，才能让你的聊天有针对性，有效率才能聊起天来张弛有度、收发自如、尽在掌控。

第三，对忌讳的了解。每个人都有忌讳，忌讳是不能碰的，一旦触碰，聊天肯定进行不下去，严重的还会发生口角。所以在聊天之前，你需要对聊天对象的忌讳有一个清晰的了解。

第四，对主线的把控。聊天要紧紧围绕主线展开，保证聊天的方向始终按照你定好的方向进行，否则漫无目的有一句没一句，彼此都难受。

第五，对聊天过程中可能出现的各种状况要有一个预判，能够合理应对各种情况的发生。比如有的人聊天的时候总是不按你预想的方向走，总是自以为是、率性而谈，你跟他谈宏观布局，他总是与你聊具体的实务。对于这样的人，聊天的时候你就要处处提防，用通俗的话讲就是不要让他把你带到“沟”里去。

聊天还要准备的一个重点就是要对自己的话有一个合乎逻辑

的设计。聊天要有结构、有层次，循序渐进、环环相扣，只有这样，对方才会跟着你的聊天节奏互动下去，相谈甚欢，彼此受益。

我们常说不打无准备的仗，与人沟通也是，我们要做到不聊没准备的天。

讲故事更生动

在人们日常的交流中经常会发生这样的现象：有些人说话，别人总是没有耐心听。听话者或心不在焉，或交头接耳。

为什么会出现这样的情况呢？问题在于讲话者的讲话方式。

如果一个人讲话的内容枯燥乏味，同时他还采取说教的方式，那么听的人自然会昏昏欲睡了。而要改变这种状况，最有效、最直接的办法就是在讲话过程中穿插一些生动的故事。

案例1　在电视剧《火蓝刀锋》中有这么一个片段，海军陆战队的海训场场地租期快到了，当地政府准备把这块地出售给一家房地产公司搞地产开发。因为地产公司给出的价格要远远高于海军陆战队支付的租金，所以当地政府做出这样的决定，也是合情合理的。

在海训场驻训的海军陆战队战士蒋小鱼等人不甘心就这样失去海训场，他们想去说服当地的村民，让他们继续把地租给陆战队。困难是可想而知的，一头是地产公司开出的巨额收购价格，一头是陆战队支付那可怜的租金。

第一天，教官带着鲁炎去村里做村民的思想工作。鲁炎一上来就对村民进行了一番爱国主义教育，告诉村民们海训场对陆战队有多么重要，陆战队是为了保卫祖国，保卫大家的安全，所以大家必须要无条件支持陆战队的工作。鲁炎在台上讲得长篇大论、慷慨激昂，而村民们在台下哈欠连天，有的择菜、有的织毛衣、有的哄孩子，没有几个人在听鲁炎讲话。结果可想而知，鲁炎忙活了半天，什么效果也没有。

虽然鲁炎的劝说失败，但是战士们保住海训场的决心并没有因此动摇。第二天，能言善辩的蒋小鱼随教官到了村里，继续做村民的工作。

在这次谈话开始前，蒋小鱼先是设身处地地站在村民的角度分析了所遇到的问题。他表示，陆战队给的那点租金与开发商给的钱比起来简直是不值一提，村里决定把地卖给开发商也是无可厚非的，陆战队十分理解村里做出的这个决定。他恳求大家能不能留出一小块儿地来，不用太大，几平方米就够，他需要用这块地安葬自己的师父刘小山。师父九年来一直在海训场驻训，已经把这里当成了自己的家，可是在前不久打击海盗的战斗中，师父不幸牺牲了。他希望可以给师父在海训场留出一小块地，让他长眠于此。

接着他拿出了师父生前穿的那件军装。那件军装已经让手雷弹片炸得全是弹孔，跟筛子一样，每一个弹孔代表着师父身上的一处伤口。在场的村民都被感动得哭了。他们为解放军战士保家卫国的精神而感动，同时也想起了自己的亲人，许多村民的亲人就是被海盗劫持后葬身海底的，他们对海盗恨之入骨，而解放军打击海盗，保护了渔民们的安全。

最后的结果很完美，有谁不爱国？有谁不拥军？只要能做到，每个人都会义不容辞。蒋小鱼的话极大地激发了村民们的爱国热情。不用高谈阔论，不用理论说教，一个真实的催人泪下的英雄故事，就可以使得村民们心甘情愿地放弃即将到手的财富，转而为国防事业做出贡献。

案例解读　鲁炎跟蒋小鱼说话的最大不同之处是，鲁炎枯燥地说大道理，而蒋小鱼动情地讲师父的英雄故事。大道理是抽象的、枯燥乏味的，而英雄故事是形象的，是能够让人感动的。鲁炎与蒋小鱼的聊天能力，高下立判。

我们在与人聊天的时候，说到别人的事情的时候总是容易滔滔不绝、谈意甚浓，尤其在对方遇到生活或工作中的难题时，我们总能想出一大堆冠冕堂皇的道理来教育对方。但是我们应该提醒自己，即便我们说的话完全正确，是至理名言，可是将心比心，被教育者往往听不进去，因为枯燥的大道理，居高临下的指示，任何人都不爱听。所以要想让别人听进去我们的话，我们必须要为别人设身处地地着想，让别人对我们讲的道理感同身受才可以。

多用故事来让聊天对象认同我们委婉传达的道理，多用生活实例来让聊天对象跟我们产生共同的认知，才是我们应该做的。

案例2　在一次客户咨询的过程中，我用这样一个小故事解决了客户的一个大麻烦。

客户是一位女士，她向我倾诉：有一个人让她特别讨厌，无论是看到对方的微信、短信，还是听到对方跟她说话，她都很讨厌。但这个人她还必须得每天面对，因为这个人是她的丈夫。

虽然讨厌丈夫，但他们之间还是有感情的，没到离婚那一步，她只想知道怎样才能不讨厌丈夫，好好经营他们的感情。

听完客户的苦恼倾诉，我给她讲了一个小故事。

古时候有两个人，其中一个稍微有些傻，算数的时候总是把三乘七算成是二十，而另一个人总是纠正他三七二十一。而比较傻的人根本不听他的，坚持说三七二十。另一个人气坏了，拉着这个不会算数的人就上了公堂，要找县太爷评评理，要求县太爷重打这个傻子五十大板。

听完那个人的讲述，县太爷笑了笑，对左右说道：“把这个三七二十一拖下去，重打五十大板。”主动要求县太爷评理的人一下蒙了，以为是自己听错了，忙说：“错啦错啦！县太爷打错啦，是那个傻子不会算数，不是我啊！”县太爷说道：“错不了，你跟傻子较劲，就该打！”

听了我讲的故事，客户笑了，对我说：“老师我懂了，你是说我就是那个三七二十一是吧？”我说道：“聪明。你说你天天跟你老公较什么劲?！你讨厌他，你不也就成了一个讨厌的人了？何必！”

临走的时候，客户对我说：“谢谢您老师，用如此简单的方法让我明白了一个如此浅显的道理。”

我对她说：“我建议你将你老公电话的备注名改为‘三七二十’。”在哈哈大笑声中我们两个人结束了这场有意思的谈话。

案例解读　与人谈话的时候多讲故事少说教，会让对方更容易接受你的观点。讲话过程中，多讲一些有意思的俏皮话，浅显的成语、俗语，会让你的话在别人听来生动、有趣味。这样，别人更愿意跟你交流，你会更受大家欢迎。别人与你聊天是一种放松和享受。这有助于提升你的人格魅力，扩展你的交际范围。

所以在我们的日常生活中你需要有意或无意地积累你的故事素材，充实你的词汇量，让你的语言不再死板，不再枯燥，让语言活起来，生动起来。故事的优势就在于生动、有趣，可以以画面感的方式表达观点，传递情感，使得沟通过程和谐顺畅。

说到心里的话才是有用的话

有些人，在聊天的时候总会旁若无人地滔滔不绝，这样的人很难获得周围人的认同，甚至很难获得尊重。

谁都不想成为这样的人，我们都希望自己的话够分量、有权威。这就要求我们在说话的时候不说废话，要说有用的话，说能进入听众心里的话。

特别是在劝说别人的时候，会劝人的人每一句话都能说到人的心里去，几句话就能解开听话对象的心结，解除其心中的烦恼。相反，不会劝人的人不但不能解除对方的心结，反而越劝越乱，不但帮不上忙，还会使事情变得更糟。

案例 有一个女人，来找一位心理医生，希望医生可以开解她心中的烦恼。

医生了解到这位女子的烦恼根源是与丈夫之间的关系。从结婚开始，夫妻二人就陷入不断的争吵之中。结婚之前，丈夫还有着一份不错的工作，结婚后，事业就一年不如一年，直到最近失业。失业后，丈夫又开始酗酒，导致双方的矛盾达到顶峰。两天前一次激烈的争吵后，丈夫第一次动手打了她，之后离开家，至今未归。

咨询师询问这位女子："在生活中你是不是每天都在抱怨？"女子说："是的。"

"结婚之初你每天肯定是在跟别人攀比，总觉得别人家比你们家好？"女子说："是的。"。

"在婚后的生活中你肯定在不断地拿你丈夫与别人比较，打击你的丈夫。"女子说："是的。"。

"你身上的负能量太多了。这种负能量转化到你丈夫的身上就成了他沉重的心理负担。同时每次你对你丈夫的轻视和打击，到了他那里，都变成他心上的一道道伤痕和一股股怨气。每次你拿你丈夫跟别人比较，对你丈夫的信心都是一次打击，他的信心在你的打击中彻底瓦解。反映到他的事业上就是一年不如一年，直到失业、借酒消愁。而这一结果，在他看来，都是你造成的。所以当矛盾发展到无法调和的时候，他会将今天所有的不如意都归结到你的头上。家，对他而言，不再是疲惫时休憩的港湾，却成了给他造成二次伤害的梦魇。

俗话说：解铃还需系铃人，要想缓和你们夫妻的关系，想要继续过下去，你必须从改变你自己开始，改变你说话的方式，不要那么刻薄，不要那么攀比，不要那么功利，用你的真心去对待你的丈夫。让他感受到你的爱，你的理解，你的包容，你的支持，让你们的家成为温暖他心灵的港湾，让他那颗本来在外面承受巨大压力的心在家里能够得到抚慰。当然，多年来你操持家务，带孩子，也很不容易，我想当你改变的时候，你的丈夫也会有相应改变的。相互理解，相互体贴，相互包容，你们的生活才能甜美幸福；携手努力，才能撑起你们共同的家。”

咨询师的话像阳光一样照进女子的心中，使得她开始反思。她决定先从改变自身做起，给丈夫更多的爱，温暖他那颗消沉的心，为了他们共同的家，两人相互包容、齐心协力。

案例解读 心理咨询师是受过专业训练的语言大师，他们善于从客户的生活中抽丝剥茧，找出问题的根源，然后有针对性地向客户提出中肯的建议，解决客户面临的问题。客户很愿意听取他们的意见，这其中的关键是心理咨询师通过科学分析，给出的建议往往都是合乎实际的。也就是说，心理咨询师说的每句话都能讲到客户的心里，获得客户的认同。就好像天津卫视的招牌节目《爱情保卫战》中的嘉宾涂磊的话一样，每当他点评的时候，在场的人都会认真地听，并且觉得他说的话有道理。可以说，涂磊每一句话都说到了听者的心里，让听者感同身受、深以为是。

要把话说到听者的心里，十分考验一个人的说话水平。应该如何提高我们的说话能力？首先我们要做的就是尽量充实我们的生活经验，只有拥有足够丰富的生活经验，才能在遇到问题时，准确地做出判断，然后对症下药，用听者能够接受的恰当语言解除对方心中的疑惑和烦恼。其次我们还要培养自己的逻辑思维能力，通过准确判断、缜密思考，针对听者的困扰提出合理化解决建议。

视频2　有阅历，有悟性，才能把话说到心坎里

打动人心才是最佳的沟通效果，只有把话说到对方心里去，才能实现预期的谈话效果，获得对方的重视与尊重。手机扫描下方二维码观看视频，看看聊天高手是如何讲解本节内容的。

说对方喜欢听的话

要使聊天气氛活跃，语言活泼，相谈甚欢，就要尽量去说对方喜欢听的话。只有对方喜欢听你说的话，谈话才有继续下去的可能。慢慢地对方会很享受与你谈话的感觉，进而会对你这个人产生良好的印象。如此一来我们与对方聊天的效果才会更好。

说对方喜欢听的话，就是我们平常所说的会“来事儿”。但是说起来容易，真正地要说对方喜欢听的话，这是很考验语言功力的，我们需要从以下方面入手，经过长期的锻炼，才能练就过硬的说话本领，让每个人都喜欢跟我们聊天，让我们在别人心中留下最好的印象。

与人聊天，要有一个端正的态度，随和、谦卑、不傲慢。这是与人沟通融洽的一个前提，只有在这个大前提下，双方才能友好地交流，获得积极的沟通效果。

与人聊天，一定要有清晰的思维逻辑。逻辑清晰的人，讲话目的明确，层次分明，听的人也能清晰地明白讲话人所要表达的意思和想要达到的效果。如果讲话目的不清，逻辑混乱，东一句西一句，就会让人摸不着头脑。说的人糊涂，听的人也糊涂，用不了多长时间双方就谈不下去了。这样的谈话无疑属于失败的聊天。

与人聊天，要多用赞美、表扬、鼓励、欣赏的词汇，这些词汇富含积极的意味，谈话对象听了会感到你对他的认可，容易跟你建立深厚的感情。而且这样聊天，必然能提高聊天氛围的活跃度，相谈甚欢，彼此尽兴。

与人聊天，尽量要以对方为中心展开话题，这样可以让对方感受到你对他的重视，同时也能激发对方聊天的积极性，利于话题的展开，利于营造融洽的聊天氛围。

与人聊天，语言要尽量做到幽默、诙谐、不死板。死气沉沉的聊天是无法进行下去的，如果在聊天的过程中加入一些幽默元素调剂一下，就能轻易打破尴尬的局面，让聊天的氛围轻松起来，提高沟通的效率。

与人聊天，说话要精练、精确、经典，让你的每一句话都能让对方记住，让对方感受到你的专业，你的严谨，从而对你产生信任。

与人聊天，要注意对声音的控制。有的人声音难听，与人聊天的时候对于对方而言是一种折磨。所以平时要刻意锻炼自己说话的声音。我们这里说的是声音，不是嗓音。你的嗓音也许是天生的，但你的声音是可以后天锻炼的。

与人聊天，要注意说话的节奏，控制好你的语速。要根据对方的反应合理调节你的语速：太快了，对方听不清；太慢了，对方会感到厌倦。所以有无适中合理的语速，是你与别人聊天能否取得好的效果的关键。

与人聊天，要注意与对方眼神交流。人们都说眼睛是心灵的窗户，通过眼神交流，你就可以看出对方对你所说的话的反应，是爱听、入神，还是厌烦、敷衍。你要根据对方的反应随时调整说话的方式，始终保持一个愉悦、融洽的沟通氛围。

与人聊天，聊的内容要尽量能够对对方产生帮助，这样对方才会有兴趣与你聊下去。漫无目的地聊天是无法持续下去的，只有有一定目的才能使双方越聊越投缘。

与人聊天，尽量要避免将话题趋向沉重。试着说一些轻松的话题，即使有些沉重的话必须要说，在说之前也要适当地铺垫一下，以抵消话题沉重带来的压抑感。

与人聊天，要注意自己说话的语气，说话太过霸道的人，人们都不喜欢同他交流。试着说话语气柔和一些，少一些强势，多一些随和。

与人聊天，要尽可能设身处地地为对方着想。每个人都希望被关心，你为他着想，他会感受到你的关心，你们的沟通氛围就会很融洽。

与人聊天，要发自内心地说话，切不可矫揉造作、虚情假意。虚情假意的话说得再多，也无法打动人心。也许对方会一时相信你，但总有明白真相的那一天。到时候，你在对方心目中的形象必然会一落千丈。

与人聊天，不是光把事情说清楚就算完事了，不要只顾着谈事情本身，要铺垫，要渲染，要在一个合适的氛围里说出你最想要说的话，才能取得最佳的沟通效果。

与人聊天，第一印象非常重要，直接决定你日后与聊天对象的交往效果。所以必须在第一次聊天的时候给人留下一个好的印象，否则你根本就不会得到第二次聊天的机会。

观察别人与你聊天时的表情也是很重要的。比如对方明显有急事要走，你还在喋喋不休，对方肯定会厌烦你，诸如此类。所以要根据聊天对象的表情变化及时调整聊天状态。

礼貌也是必不可少的。一个有礼貌的人，往往更容易获得别人的好感。如果你在聊天的过程中不时地说一些粗话，很容易会给人留下一个粗俗不堪的坏印象。

与人聊天，注意力一定要集中，以便捕捉对方讲话中的关键信息。如果对方发现你对他的话毫不在意，他肯定不想再继续与你谈话。当然如果由于某种原因你遗漏了对方讲话中的某些信息，那么一定要诚挚地向对方道歉，征得对方谅解后再请对方复述一遍。

与人聊天，要注意使用礼貌用语。比如你到朋友家吃饭，朋友为你做了一大桌子菜，你一定要表示诚挚的谢意，不要觉得说“谢谢”显得见外、生分，该说的话一定要说，不说就会让对方感觉你不通人情。

以上这些都是让别人爱听我们说话的技巧。别人爱听你说话，你给别人留下的印象才会好。要在平时多锻炼说话的能力，尽力去说别人爱听的话。一定要明白说别人爱听的话并不是奉承、吹捧，而是用合理的语言恰到好处地表达自己的观点，让别人在愉快融洽的氛围下接受你的观点。说别人爱听的话最好的效果是化剑拔弩张为和风细雨，化干戈为玉帛。

视频3　怎么说话别人爱听？记住：表达方式比内容本身更重要

虽说忠言逆耳，但如果我们做到忠言顺耳，何乐而不为呢？

手机扫描下方二维码观看视频，看看聊天高手是如何讲解本节内容的。

点到为止刚刚好

武术家比武，强调点到为止，我们说话也是同样道理，话说到一定程度就行了，大家谁都不傻，都能理解意思，话说得太白了就没意思了，尤其在双方持不同观点的时候。所以我们在锻炼语言能力的时候，要学会把话说得刚刚好，得饶人处且饶人。有时候你说话太过，把人得罪了，自己还一脸茫然：“我好心好意提醒你，你怎么不仅不领情，还一脸的不高兴?”这就是因为说话不注意分寸，不懂得点到为止，导致对方把你的忠言当成了恶言。

案例1 张亮前段时间因为一时的疏忽，给客户的发货价格比公司的规定价格低了5%，导致公司蒙受了损失。销售主管严厉地批评了张亮，并且扣罚了他当月的绩效工资。因为错误是自己造成的，张亮虽然有些心疼被扣罚的绩效工资，但也没有说什么。

两个月后，销售部门开会总结上一季度的工作业绩的时候，张亮再次被销售主管当作反面典型拿出来说事儿。这下张亮对主管有些不满意了——自己已经付出了代价，受到了惩罚，为什么还要说呢？虽然张亮当时没有发作，但是销售主管在他心中的印象一落千丈，之后两人的关系明显疏远。

年底，销售部年终总结，销售主管再次提到了张亮的事情。这次张亮彻底被激怒了，他指着销售主管的鼻子破口大骂："我忍你已经很久了！公司已经对我进行了处罚，我也承认了错误，并且在后来的工作中努力弥补了自己给公司造成的损失。你这样一而再再而三地提这件事，还有完没完了？你作为领导就可以肆无忌惮羞辱别人？人犯了罪社会还给改过自新的机会呢，何况我只是在一单生意中出现了疏漏。你这样没完没了地提，有意思吗?!"

年终总结大会不欢而散，张亮也因为顶撞辱骂上级被公司开除，而留下来的员工都很同情张亮，因为张亮在那次失误后工作的确相当努力，一直想用自己优秀的业绩弥补给公司造成的损失，没想到最后落得这样的结局。这件事对那位主管的影响也很大，其实他并没有成心羞辱张亮的意思，就是因为改不了嘴碎的毛病，而且他还认为不时批评别人能够帮助被批评者进步，同时也能让其他人引以为戒，所以对于张亮出错的事情就总是习惯性地一说再说。但是自从张亮被公司开除以后，销售部门日渐紧张的氛围和下滑的业绩也让这位销售主管落得个被公司换掉的下场。

案例解读　上面的这个案例，很直接地告诉了我们说话点到为止的重要性。有些话说一遍足矣，再多了就要起反作用了。张亮的认罚以及后来积极的工作态度已经用行动表明自己知道错了，已经认真地改正了，如果这个时候销售主管能够既往不咎，不在别人的伤口上撒盐，相信张亮会感谢他的大度与包容，会更积极地投身于工作，会用更优秀的业绩回报公司，可惜销售主管不懂得点到为止，以致最终两败俱伤。

说话不懂得点到为止，不但会给我们的工作造成不好的影响，还会给我们的生活带来相当大的困扰。如果亲人之间说话，不懂得点到为止，一件事情叨叨个没完，那么亲情也会受到严重的伤害。

案例2　三姨跟二姨之间的关系本来相处得很融洽，但是一次激烈的争吵后，两人的关系跌至冰点，好几年都不往来。矛盾的根源就在于二姨刻薄的言语深深地伤了三姨的心。二姨其实心眼也不坏，就是她的那张嘴说话太过刻薄，常常没有分寸地说出一些伤人的话语，让人无法接受。

三姨家日子过得比较困难，姥姥就会不时地接济一下，这事大家都知道，但是谁也没有挑明，怕姥姥和三姨尴尬。但是那次过年，三姨跟二姨不知道为什么吵了起来，开始只是互相抱怨，到后来二姨说话越来越刻薄，最后说："我们几个供养老人，你从老人这里拿东西，你跟吸血鬼有什么区别？你就是这个家里的蛀虫！"说完这句话，三姨的脸色瞬间变得死灰，羞愧、委屈、寒心、失望，五味杂陈。自己的亲姐姐如此冷漠地说自己，三姨的心碎了，那个时候她的心中已经没有二姐这个概念了。

但凡有半点办法，三姨也不会接受父母的资助。二姐当众把这事挑明，自己的脸面已经丢光了。

此后，三姨就像失踪了一样，好多年我都没有见到过她，倒是有几次见二姨流下了悔恨的泪水。虽然大家都知道二姨当时只是气急之下的口不择言，但是也都知道她的话会对三姨的内心造成多大的伤害。虽然姥姥、姥爷没有说什么，但他们心底是怨着二姨的。二姨的话让两位老人陷入了尴尬的境地：继续接济三姨，三姨碍于面子不好再接受，双方的关系生疏起来，同时自己这种“拆东墙补西墙”的做法，在面对其他子女的时候，也感觉有些不好意思。总之，二姨的话让大家都很不自在。

案例解读 有些话，是到了什么时候都不能说的。这是红线，越过红线，事情就无法挽回了。所以我们在说话的时候，切不可越过红线。说话要有度，不能没节制地说下去，就好像烙饼，火小了不熟，火大了就糊了，火候刚刚好，才能做出美味。如何把握这个刚刚好的度，既考验着我们的智慧，也考验着我们说话的功力。

所以，在我们的日常生活中，我们要锻炼说话的分寸，把握说话的度，既不能含糊其辞、一带而过，也不能太过直接、伤了人心。话说不明白，可能造成误会，让人理解不了你的意思，办不好事情；但是说话太直接，超出听者的承受力，容易造成不必要的冲突，将自己陷入进退维谷的境地。所以，我们要根据场合的不同、对象的不同、事情轻重缓急的不同，选择合适的说话方式，既要把我们想要表达的意思清晰明了地表达出来，又要顾及对方的感受，在对方情感的承受范围内把话说得恰到好处。总之，一名优秀的沟通者，必定会很恰当地拿捏说话的分寸，让自己说得明白，让听者听得舒服。

视频4　沟通中的“铁律”：点到为宜，多说无益

凡事皆有度，说话也不例外。点到为止刚刚好，一旦过度，就失去了沟通的意义。手机扫描下方二维码观看视频，看看聊天高手是如何讲解本节内容的。

沟通高手的五大能力

拥有良好的人际关系是一个人社交能力的体现。我们经常夸奖一个人在社交场合中具有“通天入地”的本领，那么为什么他就会有如此强的沟通能力，而不是我们每一个人都能成为交际高手呢？仔细研究你就会发现，沟通高手都拥有五大能力，即分析能力、主动思维能力、自控自愈能力、社会沟通能力和责任承担能力。

分析能力是一个人想要成功必须具备的能力。具有分析能力的人，他无论从成功还是失败中都能总结出经验教训。成功了，他会想我成功的原因是什么，是不是团队员工都非常尽心，是不是负责主管有管理才能，是不是我们选择的时机是对的；失败了，他会想我为什么会失败，是不是因为对全局掌控力度不够，是不是因为没有顾及客户的利益，是不是没有激起团队的奋斗力。这种分析能力特别重要，它源于我们平时的自我锤炼，遇到什么事情都去想一想。思考是人类的一种特有的能力。作为食物链最高级的动物，人类想要主宰一切，就要充分调动自己的分析能力，并且好好地利用起来。然而很多人并没有珍惜这种天赋，每天都忙忙碌碌，却很少停下来分析自己的工作，思考自己的人生。这样，导致他们在年轻应该勤奋拼搏的时候没有勤奋拼搏，应该坚持的时候没有坚持，后半生就无法享受随心自在的生活。所以，我们现在一定要把自己的思考分析能力提升起来，并且发挥到极致。因此，思考应该逐渐变成我们的习惯，凡事多想、多分析，这样更有利于做事成功。

主动思维能力也是一个人成功的重要条件。我们很多人的思维都是被动地重复，缺少创新意识，那些善于创新的人大多都会主动思考问题，他们看到一些东西以后就会主动去思考：如果这件事情换作是我，我会怎样去处理，哪里可以更好地改进。这是一种能力，也是一种习惯，这种能力就叫作主动思维能力。遇到什么事情时，不按常规的思维去思考，你才真正有机会成功。

自控自愈能力也是成功必须具备的能力。生活中我们经常会发现这样一种现象：我们虽然不主动去引发一些事情，但是总有一些事情会激发我们的情绪，就好像开车一样，虽然你能控制好自己不去碰别人，但是却无法控制别人会碰到你。在这个时候你一定要学会控制自己的情绪，不能一点就炸，一说就急。无法控制自己的情绪对个人发展有不利影响。人都有短板，如果我们不加以修炼，那么很可能未来的人生就不顺遂。所以，我们不仅要学会控制自己的情绪，还要学会自我修复，如此发生问题时不至于冲动之下做出错误举措，给自己造成不利影响。

社会沟通能力在人际交往中也是至关重要的。首先，如果一个人不跟自己较劲，遇到事情能够进行自我疏导，就表明这个人的自我沟通和调解能力很强。其次，如果一个人跟自己的家人和朋友在一起相处非常融洽，为人非常随和，是大家都喜欢的焦点人物，但是遇到陌生人就缄默不言，那么这个人就是家庭沟通中的高手。最后，如果一个人能跟任何陌生人都相谈甚欢，交流起来游刃有余，并且自己一直处于受惠的地位，那么这个人就是一个社会沟通高手。

生活中，我们与形形色色的人接触，需要沟通，如果我们总是跟别人无法和谐相处，总是自己不开心或者是让别人不开心，我们就必须想办法提高自己的社会沟通能力，否则我们很难获得成功。

责任承担能力不仅是一个人成功的重要因素，同时还是一个人品质的体现。生活中我们经常会看到一些人，只要是他应该尽的责任，他就会积极地去做；只要是因为自己失误造成的后果，他都会主动承担责任。而另有一种人，领导将一件重要的事情交给他办，他没有办成，或者是办砸了，领导对他提出批评，他却百般抵赖辩解，那就说明这个人缺乏责任承担能力。一个勇于承担责任的人，会受到周围人的尊重，当他面临困境的时候，更容易获得大家的理解和支持。比如在投资领域，投资方投资的不单单是项目本身，更多的是人。如果项目的拥有者不是一个勇于承担责任的人，投资方就会三思而后行。

总之，在人际交往过程中，这五种能力决定着我们与外界交流过程中处于一个什么样的地位，能否被人喜欢、拥护、崇敬。我们总会从不成熟走向成熟，除非自己不愿意成长，而成长与否关键取决于我们自己的意识，是否发现自己需要完善和提升。如果真的对成功抱有希望，哪怕只是证明给自己看，也要不断修炼，不断使自己趋于完美。

视频 5　沟通必备五大能力，决定了你是否招人喜欢

沟通非小事，需要平时不断练习进而提升这一能力。手机扫描下方二维码观看视频，看看聊天高手是如何讲解本节内容的。

第二章

怎样才算会说话

用你的巧嘴说动别人的双腿，说话需要掌握火候，拿捏分寸，恰到好处。既要告别“笨嘴笨舌”，又不沾染“油嘴滑舌”，学学高情商人士都在用的沟通技巧。

经历了，才有说服力

当我们与别人交谈的时候，发现有时候对方对我们讲的话题一点都不感兴趣，或者是从开始很感兴趣到后来变得越来越不感兴趣，再或者是对方虽然在礼貌地听我们说，但是对我们说的内容却无动于衷，没有表现出我们预期的反应。这个时候，有的人会说，肯定是我们的话题本身有问题，是对方不需要的，或者是对方比较陌生的，所以对方在与我们聊天的时候提不起精神，使谈话无法按照我们预想的方向进行下去。

真的是这样吗？这样的情况会有，但是不多，更多的原因是我们自身出了问题。是我们在谈一个话题的时候，自己都无法说服自己，只是照本宣科，用一些空洞的、没有实际意义的、口号式的东西试图去打动别人，说服别人。许多东西我们自己都没有搞明白，或者我们都没有亲身经历过，却想告诉对方做这件事将获得什么样的体验，获得什么样的乐趣……当然没有人会对我们的话感兴趣。

一个人经历过什么，没经历过什么，从他的言谈中是可以判断出来的，二者的语言感染力有着天壤之别。有些事情，只有亲身经历了，你的话才有说服力，才会感动对方、感染对方，对方才会感同身受、身临其境。否则，在对方听来，你的说教只是枯燥的空谈，不值得浪费时间。

经历，对于一个人说话而言，是很重要的。许多事情，只有你经历过了，有了真切的感受，才有能力去把这种感受讲述给别人，才能把别人带入到你的感受中去，才能让对方相信你经历过的是他想要去经历的，对方才会对你的话感兴趣，才能按照你的想法去想一些事情，谈一些事情，我们与对方才能在这种有效的沟通中真正地去谈成一些事情。

案例1 最近在我生活的这座内陆四线小城市中有许多中介在售卖威海的房子，经营房屋中介公司都是当地人，他们手上有一些楼盘信息——户型、面积、价格、产权信息等，他们受开发商委托，在当地销售威海的房子。说实话，如果不是有迫切的需求，那么当地人去威海买房子的唯一理由就是投资。

有一些想买房的客户去中介咨询的时候，中介能给出的就是开发商资料上给的那些信息。其实作为一个合格的中介，你必须要明白客户到你那里想要得到什么信息。你的房子在哪儿？离市区有多远？交通状况如何？气候环境如何？当地房价走势如何？升值空间如何？五证是否齐全？小区入住率有多高？……在开发商提供的资料上，只有一个笼统的介绍，比如小区与威海市区的距离，在宣传单上只有一厘米的距离，濒临繁华，一小时直达威海市区。

一小时直达市区，开多快一小时？路上堵不堵车？有没有收费站收过路费？小区是在威海市底下的县里，还是在威海市区？物业是什么公司？收费如何？有没有停车位？停车一年收多少钱？……这些详细的信息，都没提供。因为中介只是代售，所以他们对这个小区也仅限于开发商宣传单上的内容。

中介都没有对这个小区实地考察过，亲身经历过，又如何能说服客户花真金白银来买你销售的房子呢？可想而知，房子的销量不理想，宣传倒是做了不少，就是没有做到客户的心坎儿上。

还是那句话，经历过，才有说服力。开发商只要肯花点钱，让这些销售中介到当地实地感受一下，吹吹海风，吃吃海鲜，在阳台上晒个日光浴……那么销售中介对于怎么说服有买房意向的客户心里就有谱了。

案例解读　经历，对于一个人来说太重要了。有人把人生分为几个阶段，比如说30岁之前，我们最应该拥有的东西是什么？野心？对，就是要有野心。曾经听一位哲人说过一句话，你想拥有什么，你就去追求什么。只有你有野心，你才会有信心，才会有恒心，才能努力拼搏去追求自己想要的东西。有的人没有野心，只能按部就班，安于现状，挣点糊口的小钱，庸庸碌碌。而有的人在野心的支撑下，会不断地开拓，不断为了实现自己的目标去努力，去尝试，去争取，最终获得更多的财富。所以，野心在我们30岁之前十分重要，它将决定我们的人生高度。那么40岁以后呢？人在40岁以后最宝贵的东西是经历。经历经过不断沉淀，转化成人生智慧，面临事情的时候，就会成为做出正确判断的重要依据。只有经历过、体验过、失去过、获得过、失望过、满足过、开心过、沮丧过，我们才能领悟到人生的真谛和处事的精髓。而到了50岁之后，我们要做的事情就是传承和分享我们的人生经验了。所以，一个人经历了什么，决定你会获得什么。如果你这一生都庸庸碌碌，那么，你的经历必然相当贫乏。可以说，经历越多的人，人生就越精彩。

在我们的有生之年，要尽可能多地经历一些事情，让自己获得更多的历练。曾经单位组织过一次野外拓展训练，其中有一个科目叫“断桥”。这个科目的训练形式是在15米的高空中有两块木板做成的小路，目标之间隔着80厘米的距离，要求受训者通过跳跃的方式跨过这座断桥。80厘米的距离，对于一个成人而言，要跨过去是轻而易举的事情，但是当在15米高空中完成这项训练的时候就有些难度了，很少有人能一次性完成这项训练。尽管这些受训者身上已经系上了多条安全绳确保安全，但是还是有许多人在跑到断桥前的时候停住了脚步。站在地面上的人看上面那些人的举动简直可以用不可思议来形容：那么短的距离，轻轻一跃就可以跨越，怎么就不敢跳呢？但是让有这种想法的人上到15米高空的时候，他极可能照样不敢跳。而当你鼓足勇气跨过断桥的时候，就会有一种完成壮举式的成就感，而在那些没有经历过的旁观者看来，你完成跨越后表现出来的兴奋有些浮夸。这就是经历者和未经历者之间的区别。

案例2 还有一个例子是在地铁里做俯卧撑的事情。俯卧撑是一个很平常的锻炼项目，如果坚持做，可以起到强身健体、塑造身型的积极作用。有些人会专门花时间到健身房请健身教练来指导自己练习这个项目，而有些人在地铁上、在马路边、在银行大厅、随时随地都可以练习。因为正好在那个时间、那个地点他有碎片时间来锻炼。

设想你在银行办事，前面还有好几十人在排号，你怕过号又不敢走，那怎么办呢？锻炼总比无所事事强吧？你在等地铁，地铁还有两分钟才能到，那这两分钟足够你做两组俯卧撑了。这些碎片化的时间集中起来就能为你省下一大部分时间来让你完成别的更重要的事情。但是能够做到随时随地做俯卧撑的人真的不多。他们也知道这样既可以锻炼身体，又能节省了时间，但就是无法实施。为什么呢？因为顾虑很多，顾虑别人对自己的看法，顾虑自己的面子，反正就是过不去心里那道坎儿。而当你真的去做的时候，你会发现其实也就那样，重要的是你去做了，有句话叫“输不丢人，怕才丢人”，更何况你还没有输呢。

在日常生活中，我们一定要学会创造经历，做俯卧撑只是一个具体的例子，有许多事情，我们要勇于去尝试，尝试过才能体会到其中的感受，与别人交流的时候才能有感而发，才能用自己的经历打动别人，感染别人，提高与别人交流的效率。

案例解读　在现实生活中，有许多人“说嘴万丈豪情，行动一米阳光”，换句话说，这些人都属于是“思想的巨人，行动的矮子”。

“只有真情实感才能打动人”，在我们刚开始学习写作文的时候，老师总是这么跟我们说：哪儿来的真情实感？答案是：亲身经历。只有经历过，你才能明白那是一种什么样的感受；只有经历过，你才能在你的语言中融入更多的真情；只有经历过，你才能让别人感同身受，才能让别人喜欢跟你聊天，才能让别人理解你的语言之外想要表达的意思。

人生苦短，岁月无多，珍惜我们的年华，在有生之年尽量多经历一些事情，为我们的语言多准备一些素材，让自己成为一个善于聊天的人，让别人喜欢跟我们聊天，乐于跟我们交流。

视频6　聊天中最有说服力的话语不是大道理，而是你的经历

经历是宝贵的财富，只有经历了，才能获得真实的体验，沟通时才能让对方身临其境，受感染，被说服。手机扫描下方二维码观看视频，看看聊天高手是如何讲解本节内容的。

有素材才有好口才

在生活中我们经常会看到这样的人，他们能说会道，口若悬河，说话幽默风趣，很容易就能与他人实现顺畅的沟通，而有些人总是感慨自己笨嘴笨舌，不会说不会道。

其实口才的好坏，关键在于后天的培养。谁也不是生下来就是说话高手，拥有好口才的人，也都是经历过不断练习的。另外，平时还要注意多积累谈话素材。我们常说“巧妇难为无米之炊”，做饭是这样，说话也是这样。我们必须在平时积累足够多的谈话素材，在与别人说话的时候才会言之有物。如果脑子里光有干巴巴的理论，那你就是再想说也说不出多少话来。

谈话素材的积累，关键是养成一个好的习惯，遇到有意思的话题，幽默有趣的笑话，让人高兴的事情，对生活有益的小知识，都要记下来。先试着讲给自己听，自己觉得说得顺口了，可以讲给自己的亲人听、朋友听，如果感觉从他们的反应上取得了预想的效果，那么这个素材就可以成为你口才的知识储备了，遇到合适的时候，就可以把这个素材讲出来，让你的口才更完美。

案例1 在别人的眼中，小刚就是个段子手，与他交流不到三句话，就会被他风趣的谈吐逗得哈哈大笑。其实熟悉小刚的人都知道，以前的小刚是个内向的小伙子，不爱说话，你问一句，他绝对不答两句。在长辈的评价中，最常用来形容小刚的词汇就是：老实。老实孩子，不会说不会道，见人只会一面儿笑。

自从小刚做起销售这份工作后，他内向的性格和交流沟通能力的匮乏严重制约了职业生涯的发展。为了改变现状，小刚下决心要试着让自己能说会道起来，只有这样，才能结识更多的客户，得到更多的订单。小刚买了许多幽默笑话方面的书籍，自己每天都坚持看几个笑话，然后试着讲给朋友听，讲给同事听。最开始节奏感把握不好，他的笑话成为冷笑话，他就慢慢练，慢慢琢磨，直到把别人逗乐为止。他还试着多掌握一些生活小百科，与别人聊天的时候，根据实际需要，不时地说几个别人关心的生活小妙招，给枯燥的业务谈话带来很多乐趣。

慢慢地，小刚觉得自己与客户的沟通顺畅了许多，谈话的氛围轻松了许多，肚子里有说不完的话。与谈话顺畅相伴随的是与客户关系的融洽，客户们都喜欢这个见多识广、能说会道的小伙子，与他交流，不但能够获取自己想要的产品，还能心情愉悦、开怀一笑。

小刚的客户慢慢多了起来，在销售这个行业如鱼得水，凭着一张嘴，每年为公司创造丰厚的利润。

案例解读 像小刚这样的人有很多，因为不同的需要，逼着自己提高说话能力。我们不能把自己口才不好归咎于先天的因素，这个理由是站不住脚的。只要你足够努力，随时随地提高自己的说话能力，储备足够多的谈话素材，你就可以将自己锻炼成讲话高手，成为人们乐于沟通的对象。我们常常用“见多识广”来形容一个人知识广博，同样的逻辑，你只有见过了，才有可能讲出来，只有知道的多了，才能根据实际的需要给自己的话语添彩。

案例2　在一次产品的推广过程中，张扬因为刚入此行，做得很不顺手。因为与客户都是初次接触，所以谈话的过程很乏味，时不时就陷入无话可说的尴尬中。责任心很强的张扬不想在下次的谈话中再出现这样的尴尬，他就仔细研究自己的客户，对客户的具体情况、兴趣爱好进行摸底调查。

对这个客户深入了解后，在第二次见面之前，张扬针对客户的特点做了有针对性的准备。张扬了解到这个客户的父亲有着比较严重的高血压，所以重点了解了这方面的知识。这次会谈对张扬来说很重要，如果这次还谈不出个所以然来，客户就很难再给他见面的机会了。

谈话一开始，双方谈的重点还是生意，但是对方的兴致明显不高，敷衍的意味更浓一些。照这样下去，结果不容乐观。张扬知道必须想办法改变谈话氛围，才有可能扭转局面。张扬决定先把生意放一放，想办法把话题往高血压的防治方面引。他说：“这段时间累坏了，应酬多，体重涨了十多斤。照这样下去，真怕身体扛不住，要是再来个‘三高’什么的，想想都怕。尤其是高血压，处理不好，对身体的伤害很大啊！”这句话瞬间传入对方耳朵，谈话氛围一下活跃起来。

“不瞒老弟呀，我的父亲就患有高血压，现在只能每天服药，药一停，血压‘蹭’就上去了。真发愁。”张扬说：“其实高血压的防治，生活习惯的改变很重要。我看过研究，里面说高血压形成的原因不外乎这几方面，张扬把自己了解的知识说了一番。对方谈话的兴致明显与刚才不同了，很积极地接过了张扬的话题，说道：“你说的这些方面都比较准！我父亲烟酒都沾，脾气不小，还常常熬夜看球。看来这些生活习惯得改改了，要不这血压还得升。”张扬觉得这个话题对聊天的影响很明显，所以他趁热打铁说道：“这高血压药要是依赖上了对身体很不好，最好还是想办法能够摆脱掉，我听说过一个治疗高血压的偏方，不妨让叔叔试一试，万一管用，也就不用再发愁了。”此时张扬感觉对方与自己明显亲近了许多，客户说道：“老弟不妨说说，我回去让父亲试试。如果管用，老弟就是我的恩人了。”张扬说道：“您言重了，我只是刚好知道，既然您需要，我就讲给您听。接着，张扬详细地为客户讲解了偏方，客户对于张扬的建议眼前一亮，当下拿出手机，给自己的父亲打起了电话。张扬知道，自己的努力没有白费。

果然，两人就像多年的老友聊天一样，相谈甚欢。当然，关于生意，已经不存在什么障碍，双方很快谈妥。在此之后，两人也成为朋友，始终保持联系。

案例解读 很多人都知道，想要获得他人的好感，最好的方法就是投其所好。但是怎么样才能在谈话中投其所好，最关键的就是你肚子里得有料，你得有充足的谈话素材。充足的谈话素材不但能让你的话语幽默风趣，还能让你的谈话信息量大，知识性强。

视频 7　有素材才有好口才，共同话题基于足够的案例储备

沟通是需要素材的，如此方能言之有物、条理清晰、生动有趣。手机扫描下方二维码观看视频，看看聊天高手是如何讲解本节内容的。

做沟通高手，从改变自我开始

与人沟通，搭讪很重要。有的人常会这样抱怨：生活中，我是一个孤独的人，为什么没有人理我？为什么我没有好朋友？为什么……对应的这些问题接踵而来。说了这么多，最关键的是你处于一个孤独的圈子里。你不去搭讪别人，别人自然也就不会理你。搭讪并非随便找个话题就能成为沟通高手，要从搭讪对象的爱好出发。

案例1 花鸟鱼市场来了很多人，他们当中的人有的来买鱼，有的来买花，有的只是来观赏。一家店刚刚开业，里面有各种各样的花，也有不同种类的鱼。一位顾客来到店里观赏着鱼缸里的鱼，而老板是个养花爱好者。他走到顾客面前说："您好，先生，您看我家的花，特别棒。"

顾客说："为我推荐一下你们店里的观赏鱼吧！"

老板简单地为顾客介绍了一下，然后又将话题转移到了花上面，并滔滔不绝讲了起来。

终于，顾客不耐烦了，什么都没有买就扬长而去。

案例解读　想要成为生活中的沟通高手，就要从改变自我开始，尤其是对于商人或销售者而言，多了解身边的事物，多观察，扩大社交圈，主动与人搭讪，培养好人缘。

成为沟通高手，搭讪很重要，微笑也很重要。我们予人以微笑，那接收到微笑的人自然也会回馈我们以微笑。微笑也是一种沟通的方法，我们对人微笑，就会得到人们的关注，那我们自然而然认识的人也就多了起来。

案例2　我的一位同事，在小区的知名度很高，很多人都认识他。他在小区住了三年，大部分人对他的评价都很高，原因就是他遇到小区的每个人都以微笑面对。

两年前的一个早上，他走在小区里，迎面来了一个人，他立马抬起头冲对方微笑。那人看到他和善的目光，微笑的面容，一下子心情好了起来。碰过几次面后，两个人就搭上了话，成了朋友。就这样，我的同事在小区里看到每个人都以微笑面对，时间长了，大家自然而然认识了他，有事没事都喜欢找他说话。

由于同事在小区里人缘好，小区的物业经理有解决不了的事情也都找他出主意，帮忙解决。

案例解读　在生活中，我们认识的人多了，知名度自然而然就高了。想要认识更多的人，我们可以主动去认识他们，但这样做需要很多时间，效率较低。我们可以采用独特的方式让更多的人关注自己，认识自己。不要在乎别人对你独特方式的评价，要活出自己，做好自己，一味地按照常规出牌是不会引起太多人注意的。

一个人想要扩大自己的社交圈，就需要认识更多的人，而认识更多人的方式有两种：一种方式是你主动去认识别人，一种方式是让更多的人认识你。

一个人本身具有很强的硬实力，不一定能得到周围人的关注，而发挥软实力的人往往受关注的程度，胜过具备硬实力的人。

案例3 古时候，在一条街开着两家酒楼，其中一家的老板找了个机灵的伙计说："你去站在店门口吆喝，看到有人经过，就发挥你善于沟通的特长，邀请客人进来。"这个伙计按照老板交代的，使用这种方法请经过的客人进店吃饭，有效果，但却没有对面那家店的生意红火。

另一家酒楼的老板觉得让一个伙计站在门口喊客人进店，不仅浪费了一个人工，而且效率也不高，因为伙计不知道经过的人流中哪些是想要吃饭的。于是这个老板想："能不能在短时间内让经过的人都关注酒楼，让他们产生进来的冲动，主动光顾呢?"

经过两天的苦思冥想，他找了一位高级画师，将自己酒楼的特色菜画出来，展示在店外。此外，酒楼还挂上了一条醒目的条幅。

这下子，路过的客人都不由自主地进店一探究竟。进入酒楼，客人看到舒适的用餐环境，十之八九都会留下来吃饭。

案例解读 做一个生活中的沟通高手，并不需要你有多么强大的技能，只需要具备最基本的一点，就是良好的素质。一个素质高的人会得到人们的尊重，而且一个素质高的人与别人沟通更容易让人接受。如果你想要提高个人素质，最关键的就是要提高自身修养，有耐心，不骄不躁。我们在提高自身修养的同时，切记不要去谴责他人的素养，以身作则就好。

案例 4　一个人早上要去上班，刚出小区门，就看到一位卖煎饼的阿姨站在那里。他是一个喜欢与人交流的人，笑着和那位阿姨说："煎饼！"阿姨漠然地看了他一眼，一句话也没有说，继续干着手里的活。他很理解这位阿姨，毕竟从早上三点就起床干活了，对自己表现出漠然的态度也属正常。

这个人来到公交车站又看到一位阿姨在那里卖包子，就面带微笑朝阿姨喊："包子！"那位阿姨也笑着面向他，立即回应："来两个！"他回应道："好！来两个就来两个。"于是他买了两个包子坐着公交车去上班了。

一开始，这个人本来想买煎饼的，但得不到那位卖煎饼阿姨的积极回应，他就离开了。他本没有买包子的打算，就因为得到了那位卖包子阿姨的积级回应，就买了包子。这就是沟通的重要性。

案例解读　有些人可能会说，对于只打一次交道的人，我们绷着脸也没关系呀，反正以后都不会见面了。但是，如果我们反过来想一下，我们主动与人沟通，让对方有好心情，对方有了好心情，也会及时给予我们友善回应，那我们自然而然也就有了好心情。这样"你好我好大家好"的局面不是更温馨吗？何乐而不为呢？

无论我们从事什么行业，都应该有灵活的头脑，这样才能将自己的事业做得风生水起。想要在生活中成为一个沟通高手，还需要适时去夸赞别人，传递正能量。这就是所谓的赏识教育。夸奖一个人，可以激发他工作或学习的积极性，促使他更加奋力前行。对待别人是这样，对待自己的孩子更是这样，孩子是自己的寄托，更应该采用赏识教育的方法，让他们不断进步。

一个沟通高手对待身边所有的人，无论是认识的人，还是陌生人，都会抱着友善的态度。要知道，与人为善，快乐沟通，生活更美好。

视频 8　跟谁都能聊得来，从主动搭讪开始

沟通时主动搭讪，即找交集，将谈话拉近一步。手机扫描下方二维码观看视频，看看聊天高手是如何讲解本节内容的。

不发火，不较劲，不霸道

一个人的性格有很多特点，有的是正面的，例如平和、乐观、诚实等，这些性格特点对个人发展、为人处事都有非常积极的意义。有的是反面的，例如暴躁、较劲、霸道等，这些性格对人的发展有很大的阻碍作用。所以，我们想要成为一个积极向上、不断向好的方向发展的人，就要积极发挥性格中的优势，克服性格中的短板。尤其是负面的性格特点，一定要克服，否则很可能因为这些性格特点而自毁前程、众叛亲离，成为孤家寡人。

发火是情绪失控的表现，同时也是一个人修为不足的表现。情绪化的人总是不善于管理自己，遇到违反自己意愿的人和事，首先想到的不是如何去解决，而是发火。这是一种缺少智慧的做法。人在发火的时候，缺少理性的思考，因此很可能说出一些错误的话，或者是做出一些错误的决定，不仅影响自己的心情，也降低了自己在他人心中的形象。

为人处世，如果你心态平和，遇事不骄不躁，那么人们就会愿意相信你，给你更多的理解和帮助，你的事业发展也就会更加顺利。相反，如果你动不动就发火，丝毫不懂得管理自己的情绪，那么人们就会认为你是一个非常肤浅的人。没有人愿意每天都面对一个随时可能爆炸的“炸弹”，渐渐地人们就会远离你，将你置于孤立无缘的境地之中。也许你会觉得，发火只是一种情绪发泄，也不是什么大的错误，那你就错了，发火的后果是非常严重的。

案例1 王东在金融界摸爬滚打很多年，终于在一个偶然的机会进入一家大的金融公司，当上了部门主管。他非常高兴，因为这家公司的发展前景非常好，如果自己能够好好把握，前途一定不可限量。凭借多年的工作经验，加上个人的努力，王东很快受到总经理的重视。总经理鼓励他：“好好干，你这个年轻人还有很大的上升空间呀！”听了这话，王东心里美美的。

新公司让王东处处都很满意，但他就是在共事的时候看不惯财务经理的做派。每次跟财务经理打交道，王东都很难有好心情，有时候，还会发小火。财务经理见王东比较受总经理重视，也就没有计较。然而王东并没有看出财务经理的心思，在他看来，财务经理就是那样一个人，对他发火没啥大不了。

有一次，因为有工作需要，王东与财务经理又碰在了一起。王东因为一点小事对财务经理发火，让他没有想到的是，这次财务经理一脸严肃地与他争论起来。于是王东的怒气一下子被激发了，动手把财务经理打了。因为工作分歧打人，王东一下子成了公司中的焦点人物。大家议论纷纷，不知道王东会有一个怎样的结果。

财务经理住院了，并且还说要起诉王东。因为财务经理工作能力非常强，又是公司的老员工，现在又是一名受害者，所以，总经理理所当然地站到了他的一边。王东被开除了，一方面，总经理要给财务经理一个交代；另一方面，他觉得王东是一个非常情绪化的人，根本没有集体观念，这对以后的工作开展是个麻烦。

王东打人的事情很快就传开了，就连别的公司也有所耳闻，所以，他在找新工作的时候也遭遇了很多挫折。王东这才明白，一时的冲动发火居然给自己带来这样惨痛的教训。

案例解读　因为发火引发的悲剧不计其数，所以一定要将这种坏情绪管理起来。生活中多克制自己，不断提高自己的修为，尽量做到不发火。在与人相处的时候，不要总是认为自己都是对的，别人都是错的，通常情况下，智慧的人不理会你的发火，但会默默地远离你。长此以往，你身边就会没有一个可靠的朋友。到那时你才会发现，所有的问题都出在自己身上。

较劲也是一个不好的性格特点。它容易把人局限在一种情绪中难以自拔，不仅让自己痛苦不已，同时还给身边的人带来很大的压力。如果做任何事情你都始终坚持自己的观点，跟别人较劲，那人们怎样与你沟通交流呢？相信这时人们就会知难而退，对你敬而远之。所以，总是习惯跟别人较劲的人，通常身边都没有真心朋友，因为没有人愿意无条件地依附于人。

你可以问问自己，放下自己的坚持又怎样呢？我们太在意自己的感受，太在意自己的面子，最终又会得到什么呢？人在生活中不是独立存在的，需要跟人交流，跟人结交，才能享受更多的快乐。海纳百川，有容乃大，如果你总是跟别人较劲，容不下别人，那你终将只是一个人，难有大的发展。

案例2　周一刚上班，办公室里里外外就围满了人。原来小高和同事小史因为一件事情发生了争执，并且情急之下还动手打了起来。这时正好经理上班经过办公室，看到这样吵闹的景象非常生气，于是将二人全都叫到了办公室，问："你俩为什么打架？"

小高说："今天早上吃鸡蛋，他问先有鸡还是先有蛋，我说是先有鸡，之后才有蛋，但是他硬说是先有蛋，后有鸡。"

小史反驳道："明明就是先有蛋，要不然鸡从哪儿来？"

接着小高又开始反驳，两人你一句我一句地争吵起来。经理只好将二人制止，然后批评了小史几句之后，让他回到办公室去。

办公室里只剩下小高，经理告诉他，原本的出国计划取消。就在前几天，经理指明让小高陪自己出国学习，现在经理把小高换掉了。小高非常不解，问道："经理，为什么呀？"

经理说："跟办公室的同事因为一个问题就能打架，你太过于较劲了，这样的胸怀将来怎么能成大事，容纳别人呢？"

小高听了，后悔不已。

案例解读　这个故事虽然看似简单好笑，但是却告诉我们一个道理，那就是不要为了不必要的事情瞎较劲，最终的结果对自己没有任何好处。生活中不乏这样较劲的人，他们在一件事情上始终难以超脱自己，不断地跟别人较劲，最后伤了朋友感情，甚至耽误了个人前途。

不较劲是人与人交往的一个前提。一个人再有才华和能力，也可能因为总跟别人较劲而得不到施展的空间。所以，我们一定要有包容心，避免因为跟别人较劲而错失机会和善缘。

不霸道也是与人沟通的一个非常重要的原则。人与人相处，需要的是互相尊重、互相理解和互相扶持，即使你说话总是有理，别人对你的观点非常赞同，你也没有权利要求别人什么事情都听你的。喜欢以自我为中心是很多人都有的性格特点，但真正有水平的人不会不断地去彰显自己，而是在成就别人的过程中，获得更多自己想要的东西。一旦你能够做到不霸道，你的身边就会聚集起更大的力量。相反，你凭借自己的一点才能就颐指气使，最后难免会落得个孤家寡人的下场。

案例3　小杨是一个性格非常霸道的人，无论是在生活中还是在工作中，他从来都容忍不了别人的不同意见。他总认为自己的意见绝对正确，别人只要顺从就好。他从不认为自己霸道，而是认为自己见识过人，别人水平太低。

生活中，小杨交过好几个女朋友，最后都是因为女孩受不了他霸道的大男子主义而提出分手。对此他不但没有自我反省，反而说那些女孩太难相处。工作中，他也有很多不顺心的地方。他身为部门小组长，布置下去任务，同事们总是会有不同意见，发生诸多争执，虽然每次最后都是按照他的做法来，但是他还是觉得同事们太不听话。

一次，小杨接到一个很大的项目，经理让他拿出一份具体的项目方案。于是他将任务布置下去，让每人做一份提案，然后由他选择最好的一份提交上去，同时他自己也做了一份。

提案做好以后，小杨首先组织大家小组内讨论。大家一致认为小李的提案非常棒，不仅构思新颖巧妙，减少了资源浪费，同时利润空间也非常高。但是小杨却认为，小李的提案经不起推敲，不具可行性，然后就开始给大家讲解自己的提案。小杨强调自己的提案利润空间虽然小一些，但可行性却是最高的。对此，小李表示不赞同，其他人也或大声或小声地附和他的意见。然而小杨最终还是将自己的提案交了上去。

事情看似结束了，但实际上并没有，小李始终觉得自己的方案无可挑剔，于是私下将自己的方案直接交给了经理。虽然经理对小李这种越级行为不是很赞赏，但他还是看了小李的方案。看完之后他问小李，为什么这么好的方案没有被提交上来，于是小李一股脑儿地将小杨的霸道行为说了出来。经理通过调查，了解到小杨在工作中的确太过于霸道，考虑到这对公司很不利，最后果断决定，撤掉小杨的小组长职务。

遭受这一挫折后，小杨开始反省自己。

案例解读　霸道是人与人沟通的障碍，容易让人觉得你非常难相处，甚至因为你的自视过高而远离你。所以，我们要学会看到别人的长处，虚心学习，取长补短，真正地把事情做到无可挑剔，这样人们才会从心底佩服你，愿意遵从你的领导。

总之，人们要在社会上立足，要结交朋友、发展事业，就要不断地矫正性格中的负面因素，努力做到不发火、不较劲、不霸道。

视频 9　跟别人较劲，最终得不偿失的是自己

性格决定了说话方式，培养有亲和力的性格，才能获得高超的沟通能力。手机扫描下方二维码观看视频，看看聊天高手是如何讲解本节内容的。

多一句不如少一句

有些人非常爱说话，无论什么场合，逮住机会他就说。我们经常用“人来疯”来形容小孩，这个称呼也适合不顾场合张嘴就说的大人。越是人多，这类人就越喜欢不停嘴地说，口不择言，招人烦。

如今社会是一个刷存在感的社会，于是很多人就选择说话来证明自己的存在。事实上，一个人的存在感强不强，能不能受到人们的重视，与说话多少并不成正比。

相反，言多必失，话说多了，错话出现的概率也高，没有一个人愿意和一个满嘴跑火车的人做朋友。

案例　某公司刚刚成立，开业第一天，公司举办酒会：一方面庆祝公司成立，另一方面让同事们互相了解，方便以后各项工作的开展。

酒会上，经理让大家挨个发言，把自己介绍给所有的同事。在众多的发言者中，最让人关注的有两个人：一个是活泼健谈的李建，一个是惜字如金的赵刚。

李建是第三位发言的，他认为第一和第二位同事的发言太短，不精彩，他要调动酒会气氛，多说两句。于是他就开始长篇大论，介绍完自己之后，又开始讲自己生活中的一些趣事，讲得兴高采烈、唾沫横飞。

旁边的人早就听不下去了，但是李建依旧自顾自地说着。公司刚刚开业，和谐第一，经理也不便打断李建讲话。

这下子，酒会简直成了李建个人的记者招待会，他讲到自以为好笑的地方时，别人迎合地笑两声，他就更来劲了。

最后，所有人都面无表情，此起彼伏地发出咳嗽声。李建不得不让自己的嘴休息了。

由于李建发言的时间太长，导致后面的发言者讲话都非常简短，尤其是轮到赵刚的时候，更是惜字如金三句话就结束了。李建和赵刚是同一个部门的员工，听了赵刚的发言，李建的优越感油然而生，觉得自己比赵刚强太多了——就会说三句话？十个赵刚加在一起也赶不上自己，将来自己一定是部门中的核心人物。

第二天到公司，李建本以为自己会受到同事热情欢迎，但是事实却让他大失所望——大家一看到他，就跟约好了似的，纷纷别过头去。

李建非常不解，自己昨天在酒会上多耀眼呀！不应该受到这样的冷遇啊！

更让李建憋屈的是，同事们有问题都去找赵刚帮忙，没人理会他这个名牌大学毕业的高材生，甚至他主动热心上前提供建议，都没人回应。

有一天，李建去休息室喝茶，刚走到门口就听见有人在议论自己。一个说："就看不惯李建那猖狂的样子，整天叨叨叨地说，却一句有分量的话都没有，整个一个废话篓子。"另一个说："就是，他一张嘴，我就头疼。"

李建当场傻眼了！没想到主动热情把自己分享给别人，竟然这么讨嫌！

案例解读　如今经济社会中讲究一个“刚需”，这个词同样也适用于人与人交往过程中的说话问题。可说可不说的话，尽量不说。人际交往中，我们说的话得是别人爱听的，或者是对别人有帮助的，要有的放矢，即使做不到一语中的，也切忌废话连篇。

总之，说话是一门艺术，在与人沟通的时候，不说废话，是沟通的守则，也是说话的礼仪。在别人说完话，或者是在对某件事情应答之后，自己不要进行多余的补充和解释，要知道，画蛇添足地补充解释，很可能会影响别人对问题的判断，或者是导致别人产生疑虑和误解。

视频 10　多一句不如少一句，往往坏事就坏在多出来的那一句上

话不在多，在于分量。言多必失，别让心中的那些隐私无处遁形。手机扫描下方二维码观看视频，看看聊天高手是如何讲解本节内容的。

提升自己的理解力

人与人沟通主要用的工具是语言，但有时候语言的意思并不停留在表面，还有潜台词，至于潜台词指什么，需要听话人自己去揣摩。

与人相处，并不是每一个人都与你关系亲近到有什么话都会直接说，大多数人还是习惯委婉地表达自己的想法，这就需要你从听到的话中考虑真实的含义。如果每一个人说的话，你都明白其所指，这就表明你的理解力足够强，在别人眼中你就是一个聪明人，大家愿意同你交往。相反，如果人们跟你说的话你根本理解不了，或者只能理解表层的意思，那么在别人眼中，你就是一个无知无趣的人，不值得交往。所以，提高自己的理解力对培养社交关系有着非常重要的作用。

理解力的高低不是人出生时就决定的，它取决于人们后天的学习和培养。也许有的人会认为，学历高、知识渊博，理解力就强。其实，理解力与智商的关联并不是很大。有些人的专业知识非常强，但是与人交流的能力却相当低，所以就有了“书呆子”的说法。而有的人虽然没有多少文化知识，但是非常善解人意，能够捕捉说话人话语中隐含的意思，相当有凝聚力，身边的人都愿意遵从他的意见。所以，要提高理解力，不能只靠书本，要拥抱生活，在与人沟通的过程中总结经验，勤加揣摩，功到自然成。

在职场中，理解力非常重要。只有有了好的理解力，才能有好的执行力。我们经常会看到这样的现象：

当老板把一项工作交给员工去干的时候，员工非常痛快地说“明白”，即使老板再三询问“是否真的明白，有疑问一定要说出来”，员工还是非常坚定地说“明白”。但是当工作做完之后，老板看到的结果，跟自己预想的完全不一样。

之所以会出现这样的结果，就在于该名员工缺乏必要的理解力，没有真正明白老板的意图和想法，自以为是、一意孤行。

除了做工作之外，理解力也是同事之间相处的利器。有的人对我们好，却不习惯从嘴上说出来，这就需要我们具备良好的理解力，能够读懂他们的体态语言。

有的时候，如果缺乏必要的理解力，还会导致“饭碗”难以保住。

案例　赵楠是一个老实的孩子，做什么事情都一板一眼，好像从来都不会变通。大学毕业以后，他应聘到了一家软件公司做程序开发工作。

入职的第一天，公司领导开员工大会，首先感谢大家对公司的信任，然后对公司做了简单介绍，最后提出公司的愿景，希望大家同心协力，促进公司发展。最后领导跟几个程序员说：“今天我的发言就这么多，明天请大家带上你们的吃饭家伙，再来一趟会议室，咱们规划一下工作。”

散会之后，赵楠就去了超市。

第二天一早，赵楠赶往公司，因为路上堵车，赶到公司的时候，会议马上就要开始，他直奔会议室。

当赵楠推开门的一刹那，他当场愣住了，他看到大家面前都摆着各自的笔记本电脑，只有他手上托着一个饭盆。

案例解读 当然，这仅仅是一个职场小笑话。不过这个小笑话却能够带给我们一些启示。

假如我们是赵楠，那等待我们的命运会是怎样的呢？或许我们立马就被解雇了。所以，在职场中，我们必须要提高理解力，才能有立足发展的可能。在做任何事情之前，首先要弄清楚对方的意图是什么，他希望通过什么途径去实现什么样的目的，切忌一知半解就开始埋头苦干，以免事倍功半，甚至所有的努力适得其反。

那么如何提高理解力呢？一个人想要具备充分的理解领悟能力不是一朝一夕的事情。首先你应该冷静客观地审视自己，是不是自己的理解力真的那么差。事实上，人与人之间的差距并不是很大，之所以我们的理解力出了偏差，是因为我们给了自己不良的心理暗示。提高理解力并不是要学会看人家的脸色行事，而是要提高自己辩证思维的能力，我们可以从三个方面进行提高。

首先，要培养自己的全局意识。观察问题的时候，要从全局出发，不能只从自己的角度出发，理解一句话或者完成一件事情，要结合大的环境背景，从大局考虑。

其次，要学会换位思考。跟他人打交道，不要总是坚持自己想怎样做，而是思考对方想怎样做。

最后，观察事情发展的走势或者是说话者的意图。观察力是理解力的基础，如果一个人能从全局或者是长远角度去考虑事情，将心比心从沟通对象的角度去考虑问题，那么理解力自然会提高。

视频 11　提升理解力：师傅领进门，悟性靠个人

具备良好的理解力是能否拥有出色交际能力的关键，只有正确理解对方的意思，才能说出最恰当的话语。手机扫描下方二维码观看视频，看看聊天高手是如何讲解本节内容的。

第三章

了解你的说话对象

一句话能让对方笑，一句话也能让对方跳。看清说话对象，站在对方的立场，说别人想听的，你就是情商高手、社交达人。

对牛弹琴，错不在牛

找对的人，聊对的天，这是“对牛弹琴”这个成语带给我们的启示。我们与人沟通，最根本的问题就是找到对的人，才能达到我们想要的沟通效果，否则只能是无效沟通，浪费彼此的时间。跟人沟通的目的，是要办成我们的事，达到我们想要的结果。如果你的沟通对象压根儿就不会对你想要做的事情产生任何影响，那么你从根本上就已经错了——你对沟通对象的选择就已经决定了你无法达到你想要的目的。

案例 1 曾经看过一部电影，两个从东北来到北京的小伙子被骗进了传销组织。传销头目教给了他们一些与人沟通的技巧，让他们到大街上发展下线，骗其他人的钱。大概套路就是见到一个人，上去就搭讪，依稀记得台词是：“大哥，也许你对你现在的处境感到困惑吧？把握机遇，掌控人生，今天的失败就是你明天的成功。蓝天计划，会让你一夜暴富，成为第二个马云，第二个李嘉诚。”这应该是传销组织比较经典的洗脑神句了吧？许多人就是被这些“画大饼”的花言巧语忽悠进传销组织的。可当这两个憨憨的小伙子信心满满地出去忽悠人的时候，等待他们的却是别人的一顿胖揍。原因就是他们选错了忽悠对象，一个看着就很有钱的男人正在车上与女朋友调笑，他们突然冒出来就讲蓝天计划，让人下车一顿揍。

回头想想他们挨揍的原因，不能怪别人，只能怪他们选错了对象。人家本身已经很有钱了，怎么可能被你那忽悠人的伎俩所打动，一眼就看出来你是骗子，不揍你揍谁呢？这虽是一个电影桥段，不谈它的具体情境，就看里面体现出的说话的艺术，我们便可以明白：要找对的人，讲对的话，这样才能达到我们想要的目的。

案例解读　在销售商品的过程中，找对推销对象，对销售业绩的提高会有极大的帮助。聪明的导购员看到一男一女进入店内选购商品，懂得观察两个人中谁的话语权更大。对顾客有了一个大概的判断之后，导购员会将推销的力度侧重于话语权更大的一方。因为只有能拍板做决定的那个人，才是导购要说服的对象。同样道理，如果你的沟通对象没有最终决定的权力，你对他讲再多也属徒劳。

案例2　一家足浴店内，一位男士陪着妻子来做足疗。他们是持体验券过来的。这是商家的一个促销活动，凭体验券可以低价享受足疗服务一次，目的是将顾客吸引过来，至于能不能成为长期客户，就看足浴店的推销能力了。

足疗师为那位妻子进行足疗，丈夫在一旁等着。从进店开始，足疗师就不断地向那位妻子推销足浴店的各种服务项目，竭力劝说她办一张足疗卡。那位丈夫在一旁低头玩手机，足疗师滔滔不绝地跟那位妻子谈话。从身体健康到皮肤保养，到人生价值观……足疗师热情洋溢地说了半个小时，但是那位妻子始终没有表态要办足疗卡。

足疗师有些奇怪了，按理说大多数人经过自己地这番推销，都会办卡，这位女士怎么就不为所动呢？后来在聊天的过程中，足疗师发现那位妻子有好几次有意无意地看向自己的丈夫。足疗师瞬间明白了其中玄机。

在之后的足疗过程中，足疗师有意无意地同那位丈夫搭话，从一个女人的角度来讲一个妻子的不容易，讲妻子对家庭的贡献，讲丈夫应该如何照顾妻子，如何让妻子过上好的生活……特别强调的是，如果经常带妻子来做足疗，能够给妻子的身体带来积极的保护。在足疗师的一番劝导下，丈夫欣然为妻子办了一张一年期的足疗卡。

那位妻子拿不了主意，纵然她觉得足疗师说得对，就算她很想办足疗卡，但是如果丈夫不点头，足疗师说再多都属于无用功。那位丈夫才是足疗师推销的目标对象，只要让目标对象意识到妻子的辛苦，明白足疗对妻子的好处，办卡自然水到渠成。所以，选对沟通的对象，这是你能否达到你想要的结果的关键。回到案例，如果足疗师早把推销的对象锁定为那位丈夫，她会省去很多口舌。不过好在她及时意识到了这一点，最终使得自己的推销获得成功。

案例解读　选对了沟通对象，你的沟通就成功了一大半。这一节的内容告诉我们：对牛弹琴，错的不是牛。牛没有让你来给它弹琴，是你非要弹，最后效果不理想，你还要把责任推到牛的身上，这对牛不公平。比如一个生活在大山之中的人，他已经习惯了大山中安逸的生活，青山绿水，蓝天白云，而你却突然去给他介绍都市的生活多么好，鼓励他走出大山，到城市去闯荡一下。他没有听你的，你就说他不听劝，不懂好，能把沟通失败的责任推到他的身上。你觉得这样对他公平吗？你是否考虑过你提的建议对他适不适用？他是否有去城市发展的意愿？他是否有去城市闯荡的能力？他去城市生活是否会比在大山里生活更舒服？这些你都没有考虑，你就劝他到城市闯荡，能把沟通失败的责任归到他头上吗？

选对沟通对象，你必须要了解你的沟通对象。只有在了解的基础上，你才能明白对方是不是你合适的沟通对象。比如一个人不属于你产品的消费群，你非要向其推销你的产品，那你的推销注定不会成功。比如一个人爱好、脾气、性格跟你迥然不同，你非要跟人家往一块儿凑，那你们在一起必定互相伤害。

选择合适的人，说合适的话，你的沟通将会事半功倍。只有在有效沟通的基础之上，你的谈话才能达到好的效果，你的推销才能获得满意的结果，你的想法才能被别人接受，而你才会成为一个受人欢迎的人。所以，与人的沟通交流中，一定要记住：对牛弹琴，错的是你不是牛。

视频 12　对牛弹琴，不是牛的错

只有对你的话题感兴趣的人，才有与你继续沟通下去的欲望；对你的话题不感兴趣，你说得再多也无济于事。手机扫描下方二维码观看视频，看看聊天高手是如何讲解本节内容的。

话说到了，气就顺了

生活中有许多争吵，许多争执，其实本来都是不应该发生的，而之所以发生，其实都是话没有说到位造成的。有的话，必须要说，说不到位，争执就出现了。小则面红耳赤，大则分道扬镳。我们修炼自己的说话技巧的时候，应该从内心告诉自己：说话，一定要说到位，话说到了，气就顺了，理就通了。

案例1　有一家公司的策划部办公室氛围很紧张，处处充满着火药味，指责别人与推卸责任的事情经常发生。这让公司经理非常头疼。在这样的环境下工作，工作效率低下，无法形成凝聚力。而探究这一问题出现的根源，则是策划部负责人。

是这位策划部负责人的策划失误，导致此次公司的营销企划失败。当公司内部开会谈到这个问题的时候，这位负责人却拒不承认自己的错误，反而把“锅”推给了自己手下的员工，撇清自己的责任。这让员工非常失望，每个人都很生气，对工作开始有了厌烦感，觉得不管自己多么努力，最后只能是一个“背锅侠”的角色。工作做好了是主任的功劳，做不好就是自己的过错，在这样一位领导手底下干下去还有什么意思呢？

而公司销售部门的领导却是另外一种作风。销售部门的员工底薪不高，他们的收入大部分来自于销售提成，公司产品的销量与他们的收入有着直接的关系。现在的销售主管也是从普通的销售人员做起来的，所以他很能理解这些手下员工的心情。当这个季度销售业绩出现下滑的时候，这位主管并没有推卸责任，反而在公司领导面前承担了大部分的责任，维护了自己手下员工的利益。同时，在部门会议上，这位主管向员工们鞠躬道歉，说是因为自己的判断出现偏差才导致业绩的下滑，影响了大家的收入，请大家原谅。会后他还自掏腰包请手下员工聚餐，边吃边聊，一块儿分析问题。大家都积极发言，建言献策，本来业绩下滑的总结会在主管的带领下搞得跟庆功会一样，每个人都鼓足了干劲儿，准备在接下来的时间里发奋工作，扭转颓势，争创佳绩。

案例解读 一样的领导，不一样的话语，产生了截然不同的结果。错了就是错了，错了不可怕，可怕的是逃避责任的表现。有些话必须说，承认错误不可耻，可耻的是要赖狡辩，拒不承认。这样的结果只能是失去人心、失去信任、失去支持。越是在情绪低落的时刻，越需要用提振士气的话语来激发大家的进取心。话说到了，大家的气顺了，士气也就提起来了。可惜有些人看不到这点，摆出一副死猪不怕开水烫的样子，让所有人都对他失望。在工作中，我们看到的“话不到位”产生的不好的后果，在我们的日常生活中也经常发生这样的事情，本来一件不起眼的小事，非要掀起大的风浪才算完。

案例2 一对父子骑自行车在路口遇到了红灯停了下来，后面有一辆车着急右转弯，司机摇下车窗玻璃，朝男子喊道："大哥麻烦让一下，我有事着急赶时间，麻烦了您哪！"父亲点点头对儿子说："给叔叔让让，与人方便与己方便。"司机道谢，父亲笑着说："举手之劳，别太着急，开车小心。"一幅很温馨的马路礼让图，每个人都那么谦逊友善，世界如此美好。

但是在另一个路口，面对等红灯的父子，司机狂按喇叭，给人感觉生怕别人不知道他的汽车会响一样。父亲看看儿子："他是不是吓着你了？"儿子有些害怕地点点头。"到一旁等着爸爸，咱们先不走了。"

父亲走到后面的汽车跟前，敲敲车窗玻璃。

司机摇下车窗，一副不耐烦的样子："干什么？把你的车挪开，我着急赶时间！"

父亲面带笑容说道："需要您帮我办一件事，您刚才按喇叭，吓到我的孩子了。您需要向他道个歉。我会把车挪开，让您赶路。"

司机表现得很不耐烦："为什么我要道歉？路又不是你们家的！我按我车的喇叭，凭什么给你的儿子道歉？"面对司机的这种行为，父亲保持着耐心对他说道："我们现在是在非机动车道上，是您违反《交通法》了，并不是我们。您要是给我儿子道歉了，咱们什么都好说。您要是这个态度，对不起，这条道不是您该走的，您也别准备从我这里过去了。"接下来就是漫天的争吵。最后交警到来，进行调解，对汽车司机进行处罚了事。

一样的路况，不同的语言，一个话说到位了，对方心里也舒服，乐得配合，给你方便；一个话没说到位，粗言秽语，谁听了心里都有气，本来能给你方便也不给你——凭什么啊，又不欠你的。

有的话，长记心间，该说就得说，不要嫌麻烦，你的话到位了，事情也就好办了，一句话不到位，对方心里的疙瘩就解不开。心里怀着不满做事，怎么做都做不好，本来挺小的事儿也能掀起滔天的浪。

视频 13　很多人说话总说不到位，其实就是因为差了这三个字

人是感情动物，每个人都会有小情绪。人在有情绪的时候，沟通起来总是很困难，听不进去别人的话。此时我们必须要让他们气顺了，而一些温暖的话语就是让人气顺的金钥匙。手机扫描下方二维码观看视频，看看聊天高手是如何讲解本节内容的。

多看别人的优点

在中国有一句俗语，叫“百好不如一坏”。这句话的恰当用处是指真心对你好的朋友，通常会忽略你的优点只会看到你的缺点，处处提醒你要及时改掉缺点，以免吃亏。这句话用在人事相处上能够明白谁才是真正对你好，但是如果这句话用到我们与其他人的语言交流上时，往往会起相反的作用。说话的时候总是看着别人的缺点不放，而对于别人身上的优点却视而不见，这不是一个合理的说话方式和相处之道。就好比一块白板，上面有黑点，有的人注意力在那个黑点上，有的人注意力却是整面。与人说话，一定不要只看着那个黑点，而要站在整个白板的角度来看问题。

案例1　王军在一家公司做销售，去年有一笔欠款没有收回来，公司很多人都说他。这让他倍感压力，觉得自己给公司造成了损失。

新年过后第一天上班，销售部门开会，销售主管总结了上一年公司的销售情况，对大家上一年取得的成绩予以肯定。王军坐在下面心里一直惴惴不安，他觉得自己肯定会成为这次会议的反面典型，被重点批判，但是直到会议结束销售主管也没有提他那笔钱款的事情。这让他颇感意外，同时对销售主管心存感激，在那么多人面前没有让自己丢面子。

后来有一次王军与这位主管一起出差，在火车上闲聊的过程中王军就问主管，自己那么大一笔钱款没收回来，当时开会为什么没有批评他。

主管笑了笑，说道："做销售的，哪个人手里没有几笔坏账啊！很正常的业务事件，何必要上升到工作批判呢。再说你去年的发货量我也看到了，在全公司没有几个人能够赶上你的销售量，如果不是考虑到整体的影响，我应该表彰你才对。那么大的发货量，带动了公司销售量的整体上涨，出现一笔坏账也情有可原。我不可能因为你的一笔坏账就抹杀你全年的功劳啊。你是一名很有前途的业务员，从你近几年业绩的表现来看，你的前途不可限量。只要以后再慎重一些，再冷静一些，我真怕再过几年我就得给你让贤了。"

虽然主管用开玩笑的语气说了这番话，但是王军心里很是感激，感觉自己这匹千里马真的遇上了伯乐，以后必须加倍努力，以报答主管对自己的信任。同时王军也下定决心：以后一定克服冲动的毛病，不犯错，为公司销售业绩的提升添砖加瓦。

案例解读 上面案例中的销售主管，堪称说话的高手。在他的言语中更多提及的是员工的优点和长处，至于缺点，虽然也要改进，但是没有必要上纲上线地拿出来往死里说。这样避重就轻的处理方式不但没有挫伤员工的工作积极性，反而收获了人心，增加团队凝聚力，为来年的业务做好了充足的准备。

而有的人说话就没有这位销售主管水平高，他们总是用一副高高在上的教训人的面孔来对下属讲话，本来已经接近完美的工作在他们的吹毛求疵下，显得一无是处，弄的大家极不开心。

案例 2 车间突然来了一批急活，有一批螺丝需要车出来，其他的车工都下班走了，只有小王还没离开。当小王正准备走的时候，主任叫住他，跟他说这批活特别急，看能不能帮忙晚走一会儿，把这批活赶出来。

小王是个心地善良的人，看着车间主任着急的样子，没有多想就答应了下来。

那一天小王一直干到晚上十点多才收工。

就这样一周过去了。在周一的车间每周例会上，小王没想到自己遭到了车间主任严厉的批评，说那批螺丝中出现了几个不合格的螺丝，客户很不满意。小王心里很不是滋味，其他什么也没有干的车工啥事没有，自己加班加到十点多反而挨了一顿说。再说上千个螺丝，偶尔出现几个残次品也是正常的事，主任有必要把这件事拿到例会上说吗？这让自己多丢面子！

吃一堑长一智，在以后的工作中，小王到点就下班，跟自己不相干的事情一概不参与，爱谁干谁干，反正自己是不干。对于车间主任，小王越来越瞧不起，认为他卸磨杀驴，为了讨好客户，拿自己的下属做挡箭牌，扛不住事儿，给他卖命，不值。

案例解读 这个车间主任可以说是一个很失败的讲话者。他在不合适的时间，不合适的场合，用不合适的语言，批评了一个本来对他充满敬意的人。

小王的善意换来的却是批评，他的工作积极性自然严重受挫。车间主任作为领导，有义务维护自己的下属，更何况小王这种为他解决过难题的下属，本来一次很好的收揽人心的机会，却因为他不合时宜的话语将事情推向了相反的方向。

有个成语叫“一叶障目，不见泰山”，这就好比我们说话，不要因为对方的一个缺点，就否定了对方的全部，说出一些求全责备的话来，以致使人心寒，伤了双方的关系。说话就好像我们的格局，尽量格局大一些，看得宽一些，远一些，人无完人，一点毛病，何必要揪住不放？说话的时候多一些善意，多一些包容，相信一定会赢得更多的朋友，更加受身边人拥护、尊重。

视频 14　想和谁都能聊得来，收起食指，多伸拇指

你看到的是阳光，你的世界就光芒万丈；你看到的是乌云，你的世界就暗无天日。多看别人的优点，顺着对方去说，这样沟通更有效。手机扫描下方二维码观看视频，看看聊天高手是如何讲解本节内容的。

让所有人都满意

“我们不可能做到让所有人都满意。”在现实生活中我们经常听到这句话。在面对一个对象基数比较庞大的情况时，当事人往往都会这样说。但是说到我们在与别人的沟通交流、说话表达时，我们要记住的是：我们说的话必须要让所有人满意，只有这样才是成功的沟通，有效的交流。

怎样才能让所有人都满意，就是要做到照顾在场的每一个人的感受，通过我们的语言、手势、体态，让每一个人感受到我们对他的尊重和关注，让每一个人都满意。

饭局是我们生活中最为常见的一个社交场合，每个人都要不定期地参加一些宴会应酬，在这种场合你就需要拥有很好的口才，善于讲话。许多人可能会说，饭局中说话，随心所欲就行了。这种认识不可取。饭局是一个特殊的交际环境，一句话没说到，就很可能会成为别人的眼中钉，给工作或生活带来诸多麻烦。

案例 1　过年的时候，又到了同学聚会的旺季，刘刚也不例外。大年初四，刘刚参加了高中同学聚会。入席的时候，大家都随便坐，刚好挨着刘刚左边的是上学时相处得挺好的同学王荣，右边是一个叫刘丽的女同学。刘刚不善交际，饭桌上大家都觥筹交错，互相敬酒，他只是与自己相邻的两位同学说说话，碰碰杯，与隔着远的同学就没什么交流。

一场聚会就这样结束了，但是过了几天在朋友圈子中就传出了关于刘刚不利的言论，让刘刚十分郁闷。同学们都说刘刚势利眼，王荣这几年混得好，手里有钱，刘刚就巴结人家，跟人走得近，冷落其他同学。后来又传出刘刚念书的时候暗恋刘丽，这次聚会硬挨着刘丽坐，想要与刘丽重温旧梦，其他的同学他看都不看一眼。这些传言让刘刚无比郁闷。

案例解读 相信很多人都有过类似上面案例中刘刚的遭遇，因为在饭桌上不善言谈，导致一同吃饭的其他人产生误解。

刘刚在饭桌上的表现，错就错在没有做到让所有人都满意，与邻座两位同学交流太多，让其他同学产生被冷落感，以致有所怨言。如果在吃饭的时候，刘刚能够更积极一些，与在座的每位同学都交谈几句，即使不碰杯喝酒，也不至于出现后面的谣言了。

除了在饭桌上，在谈判中也要注意跟参与谈判的每一个人都有交流，不要让对方的某个人觉得你不重视人家或不愿意与之交流。要知道，只要对方谈判团队的某一个人对你产生不好的印象，都会对你的谈判产生不利。

案例2 王林所在的公司要与一家企业就某一项目的合作事宜进行谈判，作为谈判团队负责人，王林带领自己的团队与对方展开了艰辛的谈判。在第一天的谈判过程中双方你来我往，就项目的价格、进展等各个方面的问题展开全方位的交流和讨价还价。第一天的谈判不是很顺利。

第二天，对方的谈判团队中加入了一个胖胖的女孩儿。王林对这个新加入的谈判对手比较留意，给予了足够的尊重。在谈判过程中王林总会征求这位女孩儿的意见，当自己一方提出新的谈判条件时总会用眼神询问女孩儿的反应。第二天的谈判进行得相对顺利了许多。

后来谈判结束，双方达成合作，王林才知道，后来加入的那个女孩儿是合作企业中负责谈判项目的经理，有很大的话语权。所以，当王林提出建议的时候，只要合理，基本上在那位女孩儿的主导下对方都接受了，这为双方谈判节约了不少时间。

案例解读　能上谈判桌的，都是公司的精英人物，你不知道坐在你对面的都是什么人，他们会对谈判产生什么样的影响。如果你的言谈举止让哪一个人感觉你忽视他了，必然会对谈判进程产生不利的影响。幸亏案例中的王林没有轻视那个女孩儿，否则，后果是不堪设想的。许多人都有重男轻女或者以貌取人的习惯，见人是个女孩儿就轻视人家，看人家长得胖就歧视人家，言语上让人感觉不到尊重，往往会导致谈判破裂，因小失大。

除了餐桌和谈判桌，课堂也是一个很重要的沟通场合。在这个场合，如果你作为老师，讲课时必须要照顾到课堂上的所有学生。

案例3　在谈到自己学习成绩为什么不好的时候，小兵说自己上课的时候老师从来不关注自己，从来不叫自己回答问题，所以，自己很委屈，提不起学习的兴趣。

听完小兵的话，王老师有些内疚。确实，班上的学生人数很多，虽然自己很努力，但是依然无法照顾到每一名学生，课堂提问只能问到一小部分同学，很多同学都得不到被提问的机会。这个问题该如何解决？

前几天一位专家来到王老师所在的学校做讲座，王老师就把这个问题提出来向专家请教，专家的回答让王老师有一种豁然开朗的感觉。

专家说："在课堂上与学生互动，不单单是提问学生，还有许多种方法可与学生互动。比如用眼神跟学生交流，你看着某名学生对他点头，他就会感受到你的关注和肯定。比如你走到他跟前，在他的身旁站一会儿，他也能感受到你的重视。还可以通过你的手势跟学生交流，你一个'真棒'的手势抵得上千言万语。讲课的时候，你的视线要移动起来，不能老盯着一个方向，那样其他方向的学生就会感到未被关注。还有在语言上，要注意学生的心理感受，对学生的尊重是最基本的要求。当要求学生回答问题时，要用'请'这样富有感情色彩的字眼，学生不但会少一些紧张，而且会感受到你对他的尊重。"

王老师对专家的建议，很是认同。确实，自己以前课堂互动的覆盖面太小，没有顾及每一位孩子的感受。其实让孩子感受到被重视、被尊重并不复杂，就像专家说的，一个眼神，一个手势足矣。

案例解读 不管我们在什么样的场所，必须要牢牢记住：每一个人都渴望被重视，被尊重，你给予他尊重，他回报你的必然是积极的回应。我们经常在一些大型晚会或者赛事中，听到主持人说感谢某某单位，感谢某某人，感谢现场来宾，感谢幕后工作人员，等等，这类感谢虽然在局外人听来，十足俗套，但是被感谢的相关人员却会“对号入座”，十分享受。所以，我们在日常交往特别是聚会交往中，一定要学会通过各种方式表达对在场所有人的重视和尊重，以使自己成为受欢迎的人。

视频 15　照顾所有交流沟通的对象，让所有人都满意

让所有人都满意很难，但试着去做，你会发现前方柳暗花明、进退自如。手机扫描下方二维码观看视频，看看聊天高手是如何讲解本节内容的。

尊重对方的表达习惯

人与人交流需要讲究技巧，但是并不是每一个人在为人处事时都能够正确运用技巧，如鱼得水。生活中经常会看到人们因为沟通障碍而不欢而散，朋友做不成了，生意谈崩了，甚至事业也功亏一篑。

也许有人会说，人与人之间的交流都用同一种语言，怎么会产生沟通障碍呢？事实上，语言只是一种工具，但是怎样使用工具，让工具得心应手，完全取决于我们自己。有些人自以为是，不愿意倾听别人的意见。这样一来，说的人老说，听的人完全插不上嘴，根本算不上交流。有的人戴着有色眼镜看人，无论别人的言论是什么，他都看成是负面的、消极的；还有的人不尊重别人的表达习惯，从而使对方无法清晰地表达自己的意见，或者对方因为得不到应有的尊重而失去继续交流的兴致。

通常情况下，人们的交流方式大致有两种模式：一种是对讲机式的，另一种是手机式的。

对讲机式的表达习惯就是指一个人首先发言，将自己的观点完全表达清楚，然后再由沟通对象发表观点。在他说话的过程中，不喜欢被别人打扰。因此，如果沟通对象不尊重他这个表达习惯的话，他就会失去交流兴趣，致使沟通失败。

手机式的表达习惯是探讨式的，双方互动，允许同时存在两个声音，当一方有不同意见的时候，可以恰到好处地打断另一方的发言，表述自己的观点，也可以用自己的声音盖过对方的声音，从而使自己的意见得到阐述的机会。

案例 1 小军已经 30 岁了，还没有交女朋友，成了父母眼中的问题青年。每到假日，周围人就会给小军介绍一些女孩认识。

一次邻居给他介绍了一个女孩，两人约好星期天吃饭。

刚开始女孩看上去心情还不错，有说有笑的样子，可不知道为什么，渐渐地不那么活跃了。小军也不好意思问什么原因，他觉得自己表现挺好，挺活跃，没什么地方不对。

小军带着困惑，结束了跟女孩的约会。

晚上邻居打电话跟小军说，女孩对他不是很满意，说他总是打断自己说话。原来在吃饭聊天的时候，女孩一句话刚说完，想接着再说下一句的时候，就被小军抢去了话头，几次下来，女孩说话的意愿锐减。女孩认为小军不懂得尊重别人，总是以自我为中心。

后来，邻居又给小军介绍了一个女孩。这一次，小军接受了上次约会的经验教训，吃饭的时候，总是让女孩先说，等到她什么时候不说了，自己才补充两句。整个吃饭的过程平平淡淡，看表情，女孩有些失落。

果不其然，晚上邻居打电话说，这个女孩对小军的表现也不是很满意。女孩说小军是一个无趣的人，很木讷，两个人根本不能好好地沟通。

小军彻底懵了，他没想到与人交流这么艰难！

案例解读 每一个人在沟通时表达习惯都是不同的，想要促成一次好的交流，你就必须要尊重对方的表达习惯。

在交流之前，先询问别人习惯的表达方式，如果别人介意说话时有人插嘴，那你就做好一个倾听者；如果别人愿意说话时有人互动，那你就做一个好的参与者。这样一来，不仅能够使交流愉快地进行，同时还能彰显出你对别人的尊重。

俗话说，打开天窗说亮话。在进行沟通之前就表明相互的表达习惯，这样可以减少很多不必要的摩擦，同时也能够避免时间上的浪费，使交流的效果更好，防止不必要的争执出现。

在与人交流的过程中我们会发现，谈话形式往往是为内容服务的，同时形式又影响甚至决定了内容。当两个人都有意去做一件事情，或者是交朋友的时候，通常心里都会准备很多内容，但是如果沟通方式不恰当，双方不能恰如其分地将自己的内容表达出来，而是在谈话的形式上屡起争执，那交流就失去了意义，注定失败。

我们想要去办一件事情，就应该最大程度地尊重对方，设身处地为对方着想，以对方能够接受的方式去做，这样双方都会感到愉快。有些人主观意识很强，觉得什么事情都应该按照自己的想法来说，什么都要以自我为中心，以至于与人沟通总出现诸多障碍。事实上，主观意识太强，属于一种自我修为不够的表现。一个人如果懂得尊重他人，那么就应该尊重别人自主选择的权利。

案例 2 年轻妈妈小丽星期天带着儿子去买一个小凳子。在商场中的几家摊位都看了一遍，儿子看上一个粉色的 Hello Kitty 牌的凳子，而小丽看上一个蓝色的喜羊羊凳子。小丽觉得男孩子用蓝色的凳子更合适，于是她不顾儿子反对，买了蓝色的喜羊羊凳子。

回去的路上，孩子一点儿也不为拥有了一个新凳子而欢喜，反而一再说那个粉色的小凳子才是自己想要的。小丽非但一点儿没有听进去，还为此生气，直说儿子不懂事。这时，正好遇到了邻居。邻居看见小丽儿子闷闷不乐，于是就问了情况。听小丽讲完以后，邻居说："你既然是给孩子买凳子，为什么不给孩子一个自主选择的权利呢？反正这钱你也得花，为什么不让大家都开开心心呢？"小丽想想也是，于是就带着孩子返回商场，把喜羊羊凳子换成了儿子喜欢的凳子。

拿着粉色的凳子回家，孩子一路开心极了，小丽也非常开心。

案例解读　主观意识太强的人，在生活中总是将自己放在首位，习惯去支配和管理他人思想，交流的时候，不给别人留余地。这样，沟通交流就会归于失败。所以，在与人沟通的过程中，要真正地学会尊重对方的表达习惯，尊重对方的想法，这样才能同样得到别人的尊重，使得交流皆大欢喜。

视频16　尊重对方的沟通习惯，一时谦让，受益无穷

每个人都有自己特有的表达习惯，都希望沟通时能按照自己的习惯进行。尊重对方的沟通习惯，换位思考拉近彼此距离。手机扫描下方二维码观看视频，看看聊天高手是如何讲解本节内容的。

学会保护自己

如果一个人在背后议论你不应该这样做或那样做，还要说一些对你不满意的话，而这些话过后恰好又传到你耳朵里，你肯定会从内心深处觉得不舒服，对背后议论你的人心有不满。你很可能会这样想：这个人怎么会这样！有事当面说，为什么要在背后说我？我平时对他也不薄啊！我对他那么好，他竟然会这样对我！

案例 1 有位供货商和一个大型企业的中层经理经常有生意上的往来。正常的采购关系应该是供货商找到这位中层经理，中层经理再来定夺，然后将供货商的方案交给上级领导。

突然有一天，这位中层经理的上级将他叫到了办公室说："你最近是不是和一个供货商在接触？"

中层经理说："嗯，是的。"

领导接着说："这个供货商来找我了，他和我说他对你们之间的合作关系不是很满意。"后来领导又对中层经理说出了那位供货商不满意的原因，最后强调说，"这个事情你知道就行了，以后在这方面注意一下啊。"

中层经理听完了这话，觉得很不舒服。他心想：这个供货商为什么要这样做？我们平时合作挺愉快，我一向都很配合他，有事可以直接和我说，为啥越过我，找我的上级说三道四，什么意思呀？

事后，这位中层经理终止了与那位供货商的合作，不接受他提供的商品。那位供货商自知理亏，只能自己承担损失。

案例解读　通常，一个人在背后议论他人，总感觉自己出于无奈，没有办法才这么做。他如果有这样的想法，就证明他在推卸责任。

错了就是错了，有的人能够意识到自己的错误，能够及时纠正，而有的人因在背后议论他人，闯下祸，始终都不承认是自找的，自始至终都坚持自己的观点。这种人可气、可恨、可悲。

人际关系本身就很复杂，尤其在工作中体现得淋漓尽致。在工作中，崇尚简单的人会极力帮助自己看好的、觉得他有能力胜任的人；而崇尚复杂的人，则会不惜一切代价，包括在人家背后要手段，说人家坏话，从而达到自己的目的。每个人在家庭或职场上的生存方式不同，狡猾的人往往会将自己的狐狸尾巴藏起来，让那些单纯的人一步步掉入陷阱。最后的结果就是导致这些忠心耿耿的人受他人误会，被排挤。

一些刚刚步入社会的年轻人，原本也都有美好的梦想，但经过几年岁月的洗礼，慢慢迷失了方向，最后变成为达到目的在别人背后要手段的人。

案例2　刚刚完成学业的陈某满怀信心来到了一家公司工作。

陈某人不错，他总认为只要对同事好，他们就一定会帮助自己。

陈某来到公司被安排在设计部。一段时间后，有位同事和他相处得不错，两个人在工作交流时也有共同的见解。陈某觉得这位同事可以成为自己的朋友。这样，陈某有什么话都会对那位同事说，好的或不好的事情，都愿意跟对方分享。

转眼，陈某来到这家公司已经半年了，他制作出的设计图经常受到领导的表扬。然而有一天，陈某被领导叫到办公室，说他这次的图纸需要修改，因为和陈某相处较好的那位同事反映说陈某抄袭了他的图纸。领导最后跟陈某说："你回去考虑一下怎么修改吧！踏踏实实地做事，别耍小聪明。"

陈某回到设计部，那位同事还上前关心地问："怎么了？领导跟你说什么了？"

陈某没理对方，自顾自开始做事。

陈某很懊恼：设计理念是自己先提出的，只是那位同事问起时，自己跟他说了，怎么现在自己反倒被领导认为是抄袭者？真是交友不慎。

案例解读 事情发生在陈某身上，毕竟是第一次经历这样的事，肯定会在痛苦中挣扎一段时间。这也是人的一生中一次起伏的经历，这种困境同时也有利于自己今后人生道路的发展。如果一个人在事业上遭受了坎坷，不要灰心丧气，要重拾信心，换个环境，换种心情，重新认识自己，不要有以牙还牙、以恶治恶的想法，关键是要让自己变得成熟起来。要知道，人都是会变的，几乎没有一个人，无论是在性格上，还是在心态上，始终一成不变。所以，我们要以发展的眼光来看待周围的一切。

漫漫人生路，我们总会遇到那个真正懂我们的人，但还是要以万变应万变，切记不要以不变应万变。因为，在当今这个时代，变是唯一不变的真理。人生不易，人与人之间相互设置障碍，尤其是做一些伤害他人的事情，这些都可能存在。所以，我们应该在保护自己的前提下再去实现目标。不要在逆境中退缩，不要在逆境中隐藏自己，应该感谢人生中经历的挫折，它让我们成长起来，使我们在受到伤害的同时也学到了本领。

在与人相处的过程中，要根据对象，灵活实施自己的交往策略。用不同的方法与不同的人交往，我们的眼光就会变得独到起来。

有句话叫“知人知面不知心”，虽然你自认为对一个人很了解，但是你可能不知道他心里想什么，如果贸然跟他推心置腹，说不准就会受到伤害。所以，我们在与人沟通的时候一定要学会保护自己。

第四章

别让口才给形象减分

做人需要智慧，说话需要方法。口吐莲花，让“言值”为“颜值”加分，让你拥有无可抗拒的吸引力。

不要带着情绪去交流

我们有时会发现，平时说话挺和气的一个人，突然有一天说话很冲，造成这种情况的主要原因就是情绪化。

在与人的交流中带了情绪，交流就不会取得积极效果。带着情绪，容易说错话，做错事，所以我们在与人交流的时候一定不要带着情绪。

案例1 公司要派一个工程师去阿尔及利亚出差一年，负责那里的项目，整个技术部门十几名工程师，主管偏偏推荐了王坤。

阿尔及利亚地处非洲，当地施工现场环境恶劣，没有几个人想去。王坤觉得主管是故意跟自己过不去，十分恼火。通知一发下来他就冲到主管的办公室，想讨个说法。不过正赶上主管陪同公司领导去工地了。王坤回到座位上生闷气。

通知已经下来了，事情无可挽回，不管王坤多么不愿意，除非辞职，否则他只能服从公司安排。经过一天一夜的时间，王坤的情绪平静下来。在那么多人中选择了自己，万一主管没有自己想的那么坏……反正木已成舟，顺其自然吧。再跟主管闹僵了，对自己也没什么好处，真要把他惹急了，给自己来个常驻非洲就麻烦了。王坤想开了，心态乐观了不少。

第二天到公司，主管叫他去办公室。

主管给王坤倒了杯水，说："你是咱们部门我最欣赏的年轻工程师，通过你过往的业绩，我觉得你的前途不可限量。咱们公司有个硬性规定，工程师想要向管理层发展，必须要有海外施工的经历。我老了，干不了几年了，我希望你能尽快地把海外经历这一块补上来。好好干，我希望一年后你回来的时候让我看到更大的进步。"

虽然主管没有承诺自己什么，但王坤明白主管是在栽培自己，要想获得长远发展，去海外负责项目工作是必然要经历的一个过程，晚去不如早去。

王坤谢过主管的厚爱，回到自己的办公桌前有些后怕。如果不是主管昨天恰巧出去，以自己当时的冲动情绪与主管对话，肯定会说出一些过激的话来，惹恼主管，后果不堪设想。

案例解读 不要带着情绪与人交流，在那种状态下你无法保证自己的判断是正确的。在情绪冲动的时候，告诉自己冷静，等一等再说，想好了再说。不仅是工作当中，就连日常生活当中，带着情绪说话，也会给我们的生活带来巨大的困扰。

案例2 丽丽与丈夫最近差点离婚，事情的起因是丽丽因为情绪激动，在丈夫面前辱骂了公婆，这让丈夫很难接受，最终闹到离婚的地步。事情的经过是这样的：

周日，丽丽一家人回公婆家，婆婆看到孩子身上的衣服穿得少就唠叨了几句，告诉丽丽工作固然重要，但孩子还小，不能让孩子冻着。

丽丽觉得婆婆的话太刺耳，十分委屈。这几天自己一直在加班，孩子都是丈夫在看护，衣服穿得少该对丈夫说，婆婆却无端责怪自己，太偏心。

回到家后丽丽就向丈夫抱怨，说婆婆不应该那么说自己。丈夫没有觉察到丽丽的情绪变化，就说："我妈只是关心孩子，你不要想多了。"丽丽认为丈夫站着说话不腰疼，然后就开始翻旧账，说公公、婆婆这里不好，那里不好，什么都不管，就会说风凉话，越老越糊涂，糊涂不要紧，最怕揣着糊涂装明白……

丈夫当然不能容忍妻子这样说自己的爸妈，两人就你一言我一语地吵了起来。两人的情绪都很激动，说话越来越伤人，最后不约而同吼道："离婚！"

当晚两人分床睡，一夜无话。

第二天清早，两人都怕对方提起离婚那件事，最后丽丽笑骂丈夫："都几点了？还不起床做饭去？上班又要迟到了。"

丈夫一听，如获大赦一般，答应一声儿，乐颠颠地直奔厨房。

丽丽心中有些小甜蜜，很后悔昨天那样与丈夫吵架。吃饭的时候，丽丽很诚恳地向丈夫道歉，说自己昨天不应该那么说公公、婆婆，两位老人家这几年为了他们这个家也操了不少心，吃了不少苦，自己心里都明白，只是昨天情绪冲动，口不择言。

丈夫也检讨自己，妻子这段时间长期加班，身心疲劳，是自己没有照顾好孩子，才导致妻子跟母亲产生嫌隙。

话说开了，两个人心情都好了起来，一家人又恢复到其乐融融的状态。

案例解读 冲动没好话，在气头上说的话是不能信的。这个很浅显的道理，就是在情绪冲动的时候最好不要说话，不要沟通。等到情绪平复下来，再交换意见，才能取得理想的沟通效果。

视频 17　有话好好说，别带着郁积的情绪去交流

情绪管理的失败者，容易伤害他人，也伤害自己。学着平复自己的情绪，切忌口不择言。手机扫描下方二维码观看视频，看看聊天高手是如何讲解本节内容的。

说话要有主见

从性格上，人可以分为两种类型：一种我们称之为迎合型或者讨好型，一种我们称之为指责型。这两种类型都有缺陷，并不是理想的性格，理想的性格是介于这二者之间的一种性格，既不迎合，也不固执己见。体现在说话上就是有自己的主见，同时能够积极听取别人的建议，把话说得滴水不漏，左右逢源。

想要让别人了解我们的想法，采纳我们的意见，在语言表达这一过程中，如果我们的意见有疏漏，而对方的建议可以让我们的意见得以完善，我们就应该坦然接受。

案例 1　李帅在一家公司做业务员，最近他认识了一位叫作王哥的客户。王哥为人很慷慨，有事没事就约李帅一同娱乐。一来二去，李帅与王哥的关系处得特别好。

这一天，王哥跟李帅说："公司刚开了几个连锁店，需要从李帅那里大量进货，希望李帅可以行个方便，在货款上降低点首付比例"。王哥让李帅放心，用不了多久就会把货款付清的。

在每周销售部的例会上，李帅向主管汇报了这个事情，申请主管批准为王哥发货，但首付款比例低了 10%。这时另一位销售人员小胡提出了反对意见，说："主管，我不同意与这家合作，根据业内其他公司业务员的反映，这个王哥的名声不好，他的公司经常出现欠款不还的情况，而且接触过王哥公司的人透露，王哥有注销公司跑路的迹象，所以，我建议不要与对方发生交易，不能发货。"

李帅听后极其愤怒，他认为小胡是怕自己的业绩超过他，所以故意给自己发货制造障碍，对自己的客户恶语中伤，所以李帅坚持自己的观点，坚决建议主管给对方发货。他说道："我与王哥打交道不是一天两天了。王哥很豪爽，是个做大事的人。小胡说的王哥欠款什么的，我觉得都是道听途说，是某些人对王哥的中伤，不能作为我们是否给王哥发货的依据。我坚持我的意见，可以给公司发货。如果这笔货款发生什么意外，我承担全部责任。"

虽然李帅做出这样的保证，但是公司从安全角度考虑，最终没有同意发货。

李帅对小胡怀恨在心，认为小胡让他在王哥面前丢了面子，让他的业绩大为减少。这件事之后，王哥再也没有跟李帅联系。李帅还隐隐感觉挺对不起朋友的。

在公司，李帅将小胡看成眼中钉，凡是小胡认为好的，他都反对。一天，在销售的交流群里爆出了一条消息，那个王哥的公司宣布倒闭了，王哥携款跑路，有的销售被骗上百万货款无法追回。

李帅傻了，他私信小胡："小胡，群里说的那些事是真的吗?"小胡回复："没错，现在那个姓王的已经卷款潜逃，许多受骗的销售都报警了。货款估计是要不回来了。"李帅发了个流汗的表情，回复：“谢谢你啊小胡，要不是当时你阻止了我，现在的我也是欲哭无泪，想死的心都有。那段时间我说了些不该说的话，干了些不该干的事，你大人不记小人过，别介意啊。”小胡发了个微笑的表情，没有说什么。

案例解读　李帅是幸运的，没有因为自己的固执铸成大错。有句话说得好，听人劝，吃饱饭。因此，说话要有主见，但不能固执己见。

案例 2　孙浩的侄子考上了大学，但是哥哥家比较困难，拿不出侄子的学费，所以哥哥来找孙浩，想跟孙浩借一万元钱。

自己的哥哥张口了，孙浩没有犹豫就答应了。但是哥哥走了之后，孙浩媳妇儿对孙浩一顿数落，各种旧账都被翻了出来，什么前年孙浩病了哥哥也没给拿钱，去年盖房子哥哥也没来帮忙，还有一年田里浇地哥哥也袖手旁观……反正就是鸡毛蒜皮的小事被孙浩媳妇儿作为哥哥的罪状一一罗列出来。

本来打定主意借给哥哥钱的孙浩经不住媳妇儿一通聒噪，说：“不借啦。你对，我错。”

第二天哥哥来拿钱，孙浩红着脸说：“我本来以为家里还有一万块钱，回来你弟妹告诉我说，上个月借给孩子他舅舅了……要不你再去其他家借借?”

孙浩的突然变卦让哥哥措手不及，他不敢相信自己的耳朵，自己的亲弟弟居然这样出尔反尔！一时没有控制住自己的情绪，眼角湿润了，嘴里说着：“哦，没事，我再去借借，没事。”

哥哥走了，看着哥哥伤心的身影，孙浩鼻子有些酸。虽然哥哥过得不如自己，但毕竟是自己的亲哥哥，是那个小时候什么都让着自己，别人欺负自己的时候替自己出头的哥哥。孙浩痛恨自己的懦弱，为什么媳妇儿一闹就屈服了？为什么不能坚持一下？他不知道以后该怎么面对自己的哥哥。

案例解读　面对亲人向自己求助，必须要拿出自己的态度，说话必须要有自己的主见，必须敢于排除不同意见的干扰。在这个时候，必须让自己具有指责型的人格。迎合型的人格只能是牺牲自己的骨肉亲情，让自己和亲人陷入痛苦之中。该坚持的一定要坚持住，要有自己合理的判断，不要轻易妥协。

通过上面的案例我们可以看出，一味地强硬或者一味地软弱都不是为人处事该有的态度，那么，我们在现实生活中应该如何在迎合型和指责型性格之间做出选择呢？让我们再看一个案例。

案例2　小王早上要出门上班了，他穿了一身运动装。媳妇儿小张叫住了他，说：“怎么穿了这么一身哪？看起来不是很好看。”面对媳妇儿的话，小王可以有多种回答方式。

如果小王是一个迎合型性格的人，他会这样回答：“不好看是吗？那我赶紧换了，上班快迟到了。”这种回答意味着小王选择了妥协。他当时选择穿运动服，肯定有他自己的考虑，但是媳妇儿一表示不同意见，他就将自己的考虑抛之脑后。

如果小王是一个指责型性格的人，他会这样回答：“怎么了？穿运动服不行啊？我今天就喜欢穿运动服，你别管。”这样说，小王是坚持了自己的观点，但是却伤了媳妇儿的心，必然会伤害夫妻之间的感情，为夫妻之间的相处埋下隐患。

那么小王如何回答才是最合理的回答方式呢？我认为他应该这样回答：“啊，是这么回事儿，今天单位举办运动会，我虽然不上场参赛，但是作为部门领导，西装革履不容易与大家打成一片，所以，今天我决定穿运动服上班。怎么样，你觉得合身吗？”小王这样回答，既坚持了自己的观点，同时又给媳妇儿做了详细的解释，让媳妇儿知道了自己的想法，让双方都满意。

案例解读　正确的说话方式，介于迎合与坚持之间，迎合的是态度，坚持的是原则。首先反思自己坚持的东西对不对，应不应该坚持，如果答案是肯定的，就要想办法让对方接受自己的想法。如果自己坚持的东西有瑕疵，那就要积极吸取对方的建议，改进自己的想法，使之趋于完美。

在这里我们有必要重申一次，我们所说的话要有主见，这个主见是自己的想法，自己的判断，这个判断不是武断，不是固执，是基于正常分析基础之上的合理的想法，对的要坚持，错的要改进，不要因为他人的反对而屈服，也不要因为他人的奉承而粗心大意。

视频 18　按照“奔驰模型”的方式去沟通，“一举三得”

与人交流，有时需要灵活变通，但对于原则性问题，必须有自己的主见，按照自己的想法贯彻沟通意图，获得想要的效果。手机扫描下方二维码观看视频，看看聊天高手是如何讲解本节内容的。

尊重自己许下的承诺

“轻生死，重然诺”，这是古人留给我们的大义，放到今天仍是一个人高尚品德的至高体现。通俗地说就是将自己做出的承诺看得比生死都重要。所谓一诺千金，讲的也是这个道理。承诺是一个人诚信的最佳试金石，一个人是否诚信，通过他对承诺的履行就可以一目了然。我们在生活中会见到许多人，将承诺看得轻如鸿毛，承诺在他们的嘴里一文不值。他们在说话的时候总是在不断承诺，但是承诺完之后就抛之脑后。这种行为让人讨厌，让人生气。

是否守信，是否能兑现承诺，直接决定着人们对这个人的评价，决定着这个人在人们心目中的地位。尤其是孩子，他们内心单纯，对大人许下的承诺相当看重，所以，如果大人失信，给孩子带来的伤害是非常严重的。

案例 1 我小的时候，有一次到姥姥家，正好小姨也在。那天小姨戴着一副太阳眼镜，十分好看。我请求小姨让我试戴。小姨欣然同意。戴上之后，确实很好看，显得很洋气，小姨笑着说：“真好看，回头小姨给你也买一副。”我高兴极了，满心欢喜地等着小姨过几天给我买。可是这一等就是20年。每当在大街上，在商店里，看到太阳眼镜，我都会想起小姨对我做出的承诺。已经成年的我尽量告诉自己小姨肯定是忘了，如果她记得，一定会给我买的。但是随之相伴的是我深深的失落感。虽然现在跟小姨的关系处得不错，但是这种失落的感觉总会在见到太阳镜和小姨的时候萌发。

案例解读　做不到的事情不要轻易答应，一旦答应了就要努力做到。在生意场上，最可恶的行为就是失信。当一个人信用破产，没有人会再相信他，他的生意也就做不下去了。

案例2　王聪是做连锁超市的，经营着数家规模很大的超市。与王聪合作过的供货商都有着同样的困扰——结款好难，每次不催个七八次，就别想见到有钱到账。

老张是给王聪供应食用油的供货商，到了结款的日期，他打电话给王聪："王总啊，上一批货的账期到了，方便的话给我结一下吧。"

王聪回答："啊，我知道了。老张，没问题，我一会儿就安排啊，放心吧。"然后一天没有动静。

第二天，老张打电话："王总啊，昨天说的钱款安排了吗？我账上还没动静啊。"

王聪回道："啊，老张啊，不好意思，开了个会，就给忙忘了。马上啊，我让财务马上安排。"然后就挂了电话。

老张心里有气，这人太不靠谱。

忍了两天，老张再次打电话："王总，怎么回事儿？那笔钱有问题吗？账期不对吗？"

王聪回答："啊，老张啊，实在不好意思啊，这几天忙晕了。

我跟财务说了一句，也没问他安排没。还没有给你打款？太不像话了！我批评他，你等等。”电话挂了。

再后来是一周时间，账款还没音信，老张交代手底下的人，减少给王聪超市的发货量。

过了两天，王聪打过电话来：“老张啊，咋回事儿啊？正是销售旺季，你的产品跟不上啊，都快断货了。”

老张忍着怒火说道：“王总啊，巧妇难为无米之炊，我的原料款都成问题，出油不正常了啊。你那边是不是该换个财务了，老不按老板的要求打款可不是个好习惯啊！”

王聪装作生气地说：“什么？你还没收到款？我这就去问财务咋回事儿。要是责任在他，我扣他年终奖！要是他真的忘了给你打款，这回我盯着他办妥这件事儿！”

没过多久，款到账了，但是老张对王聪已经彻底失去信任，他仍然交代自己的销售主任，逐步减少对王聪超市的发货量，加快回款，等到欠款全部收回的时候，停止与王聪合作。

案例解读 在市场中，像王聪这样的人很多。他们不断消耗自己的信用，生意道路会越走越窄，朋友也会越来越少。

在生活中，我们不要轻易许下承诺。要管住自己的嘴，承诺的关键是做而不是说。不要信口开河，答应别人之前要深思熟虑，全盘规划。失信丢的不光是面子，更关键损失的是自己的信用。一个人的信用是有限度的，丢了再想找回来就难了。信用好比人在社会上生存的资格证，如果将资格证丢了，还如何生存？

总而言之，信用比天大，必须要深刻认识这一点，不要为了蝇头小利，而导致信用一步步破产。

曾经有过这样一则新闻报道，一个老赖被法院判决后，拒不执行，被法院列入失信名单。过年的时候随家人出国旅游，被债主发现，直接举报到法院，法院连夜派出法警在机场将其抓获，处以15日的行政拘留。通过媒体的报道，全国人民都知道他是个什么样的人，这样的人以后再想与人做生意或有金钱往来，谁还会相信他呢?

所以，管好自己的嘴，做好自己的事，不做失信之人，不做让人唾弃的人。

换一个角度来讲就是与人谈话沟通要严谨，不要太随便，为自己说出的话负责，为自己许下的承诺负责，做不到的事情，千万不要说。

视频19　一旦许诺，务必兑现

承诺的事情就要做到，如果许下承诺而不去兑现，受损的是自己的信用，后果很严重。手机扫描下方二维码观看视频，看看聊天高手是如何讲解本节内容的。

情绪化要不得

“冲动是魔鬼”是人们经常说的一句话，讲的就是人们在情绪化时做出错误的决定或行为，事过之后又感到万分后悔。从很多杀人或自残的案例中可以看出，当事人之所以会犯那样不可饶恕的错误，就是因为没有很好地管理自己的情绪。由此可见，生活中击垮人们的，有时并不是什么大灾大难，而是当事人不善于管理自己的情绪。

有的人心胸豁达，遇到任何事情都能自我化解，情绪上不会产生较大的波澜，行为自然不会出格；而有的人心胸狭窄，针尖儿大的事情都会计较个没完，最后控制不住情绪，以致做出不理智的行为。

案例 小李刚刚大学毕业就进入一家上市公司实习。因为他的业务能力很强，所以很快在众多实习生中脱颖而出。也因为这点，他得到了公司经理的青睐。

有一次，公司接手了一个非常重要的项目，经理让小李参加该项目的讨论会议。会议过程中，因为一个观点，小李和一位老员工发生了意见分歧。二人争执不下，到了面红耳赤的地步。老员工主张凭借经验稳扎稳打，初出茅庐的小李却批评老员工过于保守，缺乏自信，像个小脚老太太，不敢迈大步。

两人都不示弱，经理的脸色越来越难看，老员工看到这种情况，就停止了辩解，可是小李却克制不了情绪，继续滔滔不绝。

经理没有说话。

开完会以后，经理慎重考虑，认为小李太过于情绪化，这对工作和生活都会有一些负面影响，还需要好好地沉淀沉淀才行。所以，经理本打算让小李陪同自己到国外出差，由于小李在会议当中的情绪化表现，这一想法也打消了。至于小李以后能否重用，留待进一步观察。

后来经理发现，小李的工作能力出类拔萃，但是为人处事方面却存在很大的问题。小李总是很情绪化，无法与同事们团结起来，甚至他在同事们的心目中形象很负面。小李会因为听到别人在背后议论自己而怒不可遏，公交车上有人不小心踩了他的鞋子而恶语相向。仿佛任何一件小事都能让他的情绪变得糟糕透顶。

后来部门主管的职位空缺，经理让大家投票决定谁胜任这个职位。结果业务能力最强的小李得票数是最少的，而高票当选的却是那个业务能力一般，但是能跟同事打成一片的员工小张。

这时，小李才意识到自己的情绪确实需要管理，不然的话，早晚会毁掉自己的前程。

案例解读　情绪化常常会给我们带来意想不到的恶果。很多人在做出冲动的行为之后，往往很快就会后悔，并且发现自己也成了冲动行为的受害者。所以，情绪化并不是一件小事，每一个人都应该关注自己的情绪，并且多加控制，以免它泛滥起来毁掉自己的前程，陷入众叛亲离，甚至家破人亡的境地。有的人对情绪化深恶痛绝，有着切肤之痛，这是因为他们切实地感受到了坏情绪带来的灾难性的打击。而那些没有经历过的人，也应该吸取教训，严格地管控自己的情绪。

那么是什么原因导致我们情绪化呢？首先最常见的原因就是太自我：事实上，一个人太注重自我，太过于在乎自己的心理感受的表现，就是看不惯别人的说话方式、行为方式等。以至于一旦眼前的事情不符合自己的心意，就觉得自己受到了冒犯，产生了反击的欲望。除此之外，情绪化的另外一个原因就是关系。经常有人会说："我之所以会跟你发脾气，还不是因为你是我的亲人。这要是换成别人，我根本就不会生这么大的气。他又跟我没什么关系，我为什么要生气呢？我现在气得浑身直抖，还不是因为我对你感情太深吗？"于是感情深就成了情绪化的借口。

关系远近不能成为是否情绪化的理由。遇到问题的时候，首先多问问自己：为什么看不惯，是不是自己的性格太过于固执。

我们要明白一个事实，那就是所有你看不惯的东西本身并没有太大的问题，而问题的根源在于你自己。不要抱怨生活给你太大的压力，那是因为你的承受力不够强。如果说让你高高举起一张纸，这样轻的重量依旧会让你胳膊酸痛，甚至筋疲力尽，那么你所有的难以忍受都是来自内在的力量。遇到事情之后，人们首先应该自我反省，而不是去追究他人的责任，这样我们就能够更好地控制自己的情绪。有句话是这样的：上帝想让你灭亡，先会让你疯狂。无论平时多优秀的人，情绪化的时候，都难以做出正确的选择。这一点，我们从很多历史悲剧中就可以看出。如果我们想要成为一个成功而快乐的人，就要努力想办法去战胜自己的情绪，让自己永远保有一颗快乐的心，不被情绪驾驭，不当情绪的奴隶。

视频 20　沟通中所有的情绪化，都是因为不成熟

能否控制自己的情绪，是一个人自控力最直接的体现。有情绪时，要等情绪平复后再发表自己的观点。手机扫描下方二维码观看视频，看看聊天高手是如何讲解本节内容的。

功利心不要太强

自古以来，功名利禄都是人们一直在追逐的东西。成就功名地位，就能得到别人的敬仰，财富满囊就能享受富足的生活。人生追求享受无可厚非，但是一味追逐功利，功利心太强，反而会使你距离目标越来越远。

功利心人人都会有，恰当的功利心可以驱使人们更加努力地生活，使生活更加有意义，而过度的功利心对人们的发展却是一种伤害。因为个人的能力有限，有时人们会因为急功近利做出一些错误的决定或事情，最后导致失败，甚至威胁一生的事业和名利。

案例1 小夏的爷爷是一个县级干部，为人正直，工作热情，无论对上级还是下级都和颜悦色。每当听到官员贪污的新闻报道，他都义愤填膺，觉得享受着国家的工资待遇，然后还贪污国家的钱财，不仅对不起国家，更对不起老百姓。在他心中，做一个本本分分的干部，踏踏实实为人民服务是至高的宗旨。在他的书房，挂着这样一副字：一身正气，两袖清风。

小夏爷爷小的时候，家境贫寒，为了改变家庭现状，他想一定要成就功名，让父母过上吃饱穿暖的日子。后来他一路奋斗，终于在政府机关得到了一个职位，让父母家人过上了衣食无忧的生活。为此，他下定决心做好自己的工作，全心全意为人民服务。

小夏爷爷恪尽职守，从来没有非分之想，深受百姓的拥护和爱戴。然而在人们纷纷称赞他的同时，也有一些人不断劝他："老夏，你看看你，也太正直了吧？你现在虽然是个县级干部，但是你的孩子们跟你沾不上一点光，到现在家里住的还是旧房子，儿子还是得卖苦力。人家都为儿女奋斗，你可倒好，光顾自己的好名声了。"每每听到这话，小夏爷爷都不在意。他想，自己可不想为了什么功利做出有损国家利益的事情。

然而就在小夏爷爷退休的前几年，眼看着经济形势发展越来越快，自己也一天天变老，家里的生活条件依旧没有改善，就连孙子小夏想要出国留学也因为没钱而搁置了，再加上别人的劝说，小夏爷爷觉得，再过几年自己退休之后就永远没有机会了，于是他在强烈的功利心的驱使下，贪污了人生的第一笔钱。虽然数目很小，但是他的功利心被诱发了。此后，每当县里有工程建设项目，他都通过各种关系包揽在身上，从中牟取利益。

天网恢恢，小夏爷爷的贪污罪行很快被人举报，等待他的将是严厉的法律制裁。

案例解读　适当的功利心能促使一个人拼搏努力，实现自己的人生目标，但是功利心太强，就容易使人铤而走险，以致前途尽毁。这就需要人们去不断地修炼，认清人生的价值和意义。

如今的社会，人们越来越追求物质享受，以致功利心也越来越强，人与人交流的真诚度也越来越低。很多人表面上看上去都是兄弟情谊，但实际上都是酒肉穿肠过，每当你真正需要帮助的时候，曾围在一起吃饭喝酒的朋友全都避之唯恐不及。

案例2 平日里张军在公司是最活跃的一个人。几乎每天下班，他都会和几个同事约在一起喝酒，称兄道弟，无所不谈。因为他的业务能力强，同事们经常来找他帮忙，他总是非常热心地尽己所能。后来张军因为积攒了不少的人脉关系，决心辞掉工作自己干。这个决定得到了同事们的大力支持。

因为张军的业务能力强，客户资源稳定，所以他的小公司很快有了起色。这个时候张军开始膨胀——他太想成为一名成功人士了，于是他做出了一个非常大胆的决策。这个决策对公司的影响非常大，一旦成功将会给公司带来成倍的利润。但就是因为他太急功近利，没有稳扎稳打，使得中间环节出现了纰漏，最后使公司面临破产的危机。

于是张军开始四处求援。

结果，客户们因为害怕利益受损纷纷撤资，朋友们也全都消失不见，给他们打电话求助，要么就是把钱借给了其他人，要么就是刚刚买了房子或车子，甚至有的朋友不仅一毛不拔，还含沙射影、嘲笑奚落。

张军伤透了心。

眼看自己处于这样的困境之中，张军却找不到一个能够帮助自己的人，这时他才真正地体会到，原来身边的人个个都那么功利。

案例解读　如今的社会人与人之间的关系变得复杂，想要在社会上立足，就必须自己有本事，努力奋斗。那么在与人交往的过程中，应该怎样去驾驭自己的功利心呢？既不让别人因为你功利心太强而远离你，又能给自己的生意带来帮助呢？那就是先去交友，再去做生意。

感情基础在很大程度上决定着生意能否成功。如果你是一个想要成功的人，并且有着非常强的功利心，那么身边的人很容易就能感觉出来，然后认为是你这个人太现实、太赤裸裸，一认识就单刀直入地谈钱，然后再推销自己的产品或服务，别人就会有一种被利用的感觉，认为你想要利用他的关系和资源成就你自己的事业。这时，即使你说得天花乱坠，别人也不会接受你的想法。如果你在与人沟通的过程中给人留下这样一个印象，那么你们之间的沟通和合作将会受到很大的制约，因为首次沟通非常关键，或许你根本就不会有第二次机会去弥补第一次的遗憾。

总之，一个人想要追求成功的人生，就要不断地进行自我修炼，驾驭好自己的功利心，不能让其太过于强盛，最后导致事业和人际沟通的失败。

功利心极易遮蔽你的双眼，让你的思想出现偏差，相应地，在功利心太强的时候，你的语言也就会十分功利，不利于与人交流，让与你对话的人感到不舒服。

保持新鲜感

“新鲜感”是我们在生活中经常提到的一个词，它适用于很多方面，包括人与人之间的交往与沟通。在与人相处的过程中，人们经常会提出审美疲劳的概念，这就是新鲜感的缺失。新鲜感不仅指人的容貌打扮，同时还包括行为谈吐。如果一个人说话总是非常随意，与人沟通时，不论什么时候都是一个腔调，这样人们同他聊天时，完全感受不到任何新意和变化，渐渐地也就失去了交流的兴趣。

两个人交往，最开始的时候，大家都极力想给对方留一个好印象，男女朋友也好，合作伙伴也好，大家都把自己最好的一面展现出来，呈现给对方。他们每天用心打扮自己，不断地改变着自己的表达方式和交往方式，让对方充满了新鲜感，感觉与这样的人在一起，每天都是一个全新的开始。但是随着时间的变化，双方熟悉的程度加深，男女朋友结婚了，合作伙伴建立起了稳定的合作关系，一些人就开始变得懒惰和随意。他们不再每天换衣服，每天换着心思去逗别人开心，谈生意的时候也不再保持客气的交往方式和语气，这时，我们的生活就会出现问题，因为没有了新鲜感，男女双方对彼此说话也不再客气、严谨，以至于没有了太大的吸引力，合作伙伴也越来越看不到最初合作时的渴望，经常因为疏于沟通而产生很多误解。于是家庭开始出现吵架、出轨的现象，合作伙伴开始寻找更加有诱惑力的合作方，就连朋友之间也因为缺少新鲜感而感觉没意思，逐渐去寻找新的刺激。在这种种关系中，如果我们恰巧就是那个让人失去新鲜感的人，那么，等待我们的将是不可预知的后果。生活伴侣离去，朋友疏远，事业困顿，一切都将改变。

然而现在，很多人对保持新鲜感的重要作用并没有重视起来。认为反正结婚了、合作了，于是就没有了丝毫危机意识。每当遇到别人的质疑："你怎么说话变得如此随意呀？"我们的回答往往是非常消极的，"习惯了，就这样了！""反正结婚了，说话随意点儿也没有关系，就这样吧！""我感觉这样挺好的呀！"，别人的话丝毫都不会令我们反省，这对我们的成长和发展是不利的。人的一生总归是要有变化，要有提高，"变"才能让我们跟上外界的节奏，不至于成为一个被社会淘汰的人。

案例　张芳大学毕业以后进入一家公司工作。她年轻活泼，性格开朗，非常受同事们欢迎，尤其是公司那些未婚的单身男青年，更是喜欢跟她在一起。因为女孩子的虚荣心，张芳每天都非常用心地打扮自己，每天读书，隔三岔五地看电影，与人沟通的时候，她也总是用词得当，言语谨慎礼貌，给人的感觉非常随和。总之她希望自己在别人眼中是一个美貌与智慧并存的女子。

眼看就到了结婚的年龄，张芳从她的众多追求者中选择了最心仪的那位做丈夫。她和丈夫是同事，结婚前，丈夫总是喜欢跟张芳聊天，觉得跟她聊天非常舒服。结婚之后，面对生活的柴米油盐，张芳感到有些不太习惯，于是她花费了看电影的时间学做饭，花费了读书的时间去打扫卫生，几乎所有的生活重心都放到了家中，也很少再跟丈夫聊天了。后来她有了自己的宝宝，体重一下子暴涨了二十多斤。现在的张芳每天蓬头垢面，每天抱怨家务劳苦，带孩子累，说话语气也不再像从前那样柔声细语了。

尽管这样，张芳丝毫没有觉得不合适，老公劝她要好好地讲究一下说话方式，跟别人聊天委婉客气一点，她总说都结婚了，还有什么好注意的。朋友们约张芳出去，她也总找各种理由推脱，还说现在最不想跟人沟通了。

终于有一天，她在家里待着实在是太无聊了，想要找人聊聊天，这才发现，身边早就已经没有了朋友，而那个曾经说要时刻陪她的老公也每天出去应酬，很晚才回家。张芳非常懊恼，不知道为什么生活会变成这个样子。

案例解读 很多时候，人们希望自己一生幸福，拥有美满的婚姻，真心的朋友，但是他们自己却不想付出太大的努力，甚至他们的做法与自己的渴望背道而驰。十年、二十年，说话语气从来不变，表达方式始终不改，即使跟别人聊天，话题和内容永远都是一样的。这样一来，别人对他的那些新鲜感早就已经褪去，人们不愿意跟他聊天，不想每天重复一样的话题，不想跟他聊天没有一丝收获。如果我们希望自己是时代的弄潮儿，成为婚姻中的幸福者，就必须要好好地经营自己，多学学说话的方法，多丰富自己的思想，从而使我们的话语充满新意，让别人喜欢跟我们聊天。

那么，我们怎样去用心经营自己、经营生活呢？具体表现形式之一就是改变、重塑，让自己每天都焕发出活力，始终让人保持新鲜感。如今社会，一切事物都在变化，甚至是瞬息万变，人与人之间的沟通与交流也需要跟上快速发展的节奏。如果你想做一个跟谁都能聊得来的人，始终充满魅力，让别人想与你交友，想与你保持长久的沟通与合作，那么就要不断完善、提高自己，加速前进，不断超越自己。因此，我们要多结交一些有修为的人，以他们作为我们的“镜子”，让他们直接指出来，我们做得不够好、需要努力改进的地方，从而让我们不断地改变，每天能够发现不同的自己。这样我们身边的环境才会随之变得更加美好，从而进入一个良性循环——工作顺利，生活幸福，感情和睦。保持新鲜感，让我们变成一个交流与沟通的高手。

视频 21　改变说话方式，像谈恋爱那样保持新鲜，沟通才能良性循环

保持新鲜感是人与人之间互相欣赏的前提。每天说的话足够新鲜，双方就有说不完的话，感情才能永葆长青。手机扫描下方二维码观看视频，看看聊天高手是如何讲解本节内容的。

第五章

会说话是一门艺术

为什么会说话的人最后都比你成功？就是因为你只会做，不会说。掌握说话的艺术，多点儿真诚，少点儿套路，你将不会错过前路的每一次机会。

过程与结果的学问

我们跟别人谈论一件事情的时候，是先说这件事情的过程好，还是先说这件事情的结果好？这是困扰很多人的一个问题。

有的人认为讲一件事情必须要把过程讲清楚，这样对方才能认可最后的结果；有的人认为说话先说结果，这样才能抓住对方的注意力。其实关键不是先说什么、后说什么，关键是跟谁说。

根据不同的交际对象，合理地安排过程与结果的讲述顺序，才能取得最佳的沟通效果。

你跟人讲话的时候，必须要明白对方最关注什么，对方最想要从你这里获取什么样的信息。只有掌握了这些，你才能采用最合适的方式跟对方沟通，取得最好的沟通效果。而对方的关注点，不外乎过程和结果两个方面。

所谓过程，就是细节，事情发展的每一个细节。对于自己的亲人、朋友，他们爱听你讲述生活的细节，爱听你讲述一件事的来龙去脉。跟他们讲话，要着重讲述事情的过程，事情的细节，你讲得越细，他们越爱听。而事情的结果对于他们而言，并非十分重要。

而对于另外一些谈话对象，我们在与其谈话的时候就必须要把结果摆在前面。

什么是结果？结果就是对方最终的收益，结果就是事情最后的状态。将结果摆在前面，可以提高我们谈话的效率。比如谈话对象是你的领导，或是你的合作伙伴，你必须让他们从谈话一开始就明白他们能获得什么，将谈话继续下去会对他们有什么“好处”。所以，面对的交际对象不同，说话的策略也就相应不同，必须要灵活掌握，才能成为交际高手。

父母是最关心我们的人，他们关注着我们生活的点点滴滴，我们生活中的每一个细节他们都想要了解。所以，在与父母讲话的时候，我们一定要注重事情过程的讲述，讲述得越详细越好，让父母感觉就好像一直陪伴在我们身边，从来没有分离过。

案例 1 一个在外地上学的小姑娘，期末考试成绩没考好。

小姑娘知道如果把成绩直接告诉父母，免不了会被他们一顿数落，但是期末考试结束了，成绩又不能不告诉他们。左思右想，小姑娘觉得换一种表述的方式，也许能取得不错的效果。

在电话里，小姑娘先向父母表达了自己的思念之情，告诉他们独自在外求学，她是多么地想念他们。紧接着小姑娘又说因为太过思念他们了，所以感到十分孤独和空虚，恰在此时，一个男孩子走进了她的生活。这个男孩儿是她的同班同学，对她特别好，所以跟他谈恋爱了。但是最近她发现自己怀孕了，而那个男孩儿却失去了联系，自己现在不知道该怎么办。

远在异地的父母听到这个消息，好似晴天霹雳！他们因为不能很好地照顾自己的女儿，让她自己在外地而陷入深深的内疚之中。此时的他们，心中对于女儿所有的要求都已经不再重要，女儿身体健康、平安快乐就是他们最大的心愿。

就在这对父母在电话里头向女儿表达内疚的时候，只听女儿突然笑着说，刚才的话只是开玩笑，压根就没有发生那样的事，都是编出来的，她现在很好，只是这次考试数学没考好，希望父母不要生气。

听到女儿这样说，夫妻二人虽然嘴上骂孩子不懂事，编故事吓唬他们，但他们的内心却是极度满足的——从刚才的难过、内疚中走出来，他们如释重负，至于女儿数学成绩没考好已经变得没那么重要，只要女儿安好就一切都好。

案例解读　故事中小姑娘的做法，我们并不提倡，但是她“声东击西”的成绩汇报方式，是过程与结果完美结合的典范。

在父母的心底，孩子不在自己身边，首先关注的是他们的身心健康，其次才是寄托在他们身上的其他指标。所以小姑娘并没有直接向父母汇报期末考试成绩，而是先用自己的健康激发了父母的爱女之心，然后再说自己的数学考试成绩不理想，从而避免了遭受父母一顿数落。小姑娘的做法虽然从情感上讲欠妥，但是从策略上讲十分巧妙——转移了父母的注意力，将自己成绩没考好的“危机”化为无形。

像故事中小姑娘这样的策略，用在自己的父母身上管用，如果放在其他人的身上就不会奏效了。

案例2　某创业型企业正在寻找投资，他们与某投资公司经理取得了联系，投资公司经理让他们亲自过来面谈。

企业老总带着企划书来见这位投资经理。在洽谈的过程中，企业公司老总一直在讲自己是如何起步，企业经历了哪些波折，以及目前的经营状况。过了一会儿，投资经理很郑重地说：“我一会儿还有一个会。我现在只有5分钟时间给你，你告诉我，我们公司给你投资后，我们能获得多大的回报？我们承担的风险有多大？”

而对于这些，企业老总却没有给出一个明确的答复。

投资经理委婉地说：“今天就先聊到这里吧。我要去开会了。咱们下次有机会再聊。”

结果可想而知，那位投资经理再也没有联系过这位企业老总。

案例解读 不是没有给你机会，给了你机会，但是你却没有把握住，这就怨不得别人了。根据这位企业老总寻找投资失败的经历，不难发现，他之所以没有成功引来投资，关键就是他没能在有限的时间内抓住投资者的心，激发投资者的投资兴趣。

具体来讲，就是这位企业老总用大量时间讲述自己经营企业的过程，而投资者关心的投资回报这个结果他并没有给出答案。要知道，向对方寻求企业投资，当对方对你的谈话内容，产生哪怕一丁点儿的厌烦情绪，你寻求投资的目标都注定无法实现。

所以，在我们跟人谈话过程中灵活掌握事情的过程和结果的讲述顺序，可以有效地提高沟通效率，让沟通更加顺畅，让说话更具吸引力。

视频22　面对领导，先说结果；面对朋友，先说过程

说话是一门艺术，讲述过程与结果的顺序则是一门学问。手机扫描下方二维码观看视频，看看聊天高手是如何讲解本节内容的。

矫情与心计

在生活中，我们每一次和人交往的过程都是通过说话来完成的，而说话艺术掌握得好坏，对沟通效果有着非常大的影响。好的说话者能够轻松地驾驭语言，把自己的想法完美地表达出来，使沟通取得双赢的结果。

在与人交往的过程中，我们有时也会发现，有些人非常矫情，而有些人富有心计。那么，当我们面对矫情和有心计的人该如何去进行沟通，如何建立起良好的关系呢？这就需要我们恰如其分地去分析和掌握对方矫情的程度以及心计的多少，进而选择合适的方法去应对，最终实现自己想要的沟通效果。

矫情往往含有一些无理取闹的成分，和较劲有着很大的区别。通常来说，较劲的人比较固执，比较讲原则，在与人沟通的时候，他们总喜欢把事情说得明明白白，清清楚楚。而矫情通常是一种感性的表现。矫情的人对于不喜欢的人和事，不喜欢就是不喜欢，不想做就是不想做，没有什么理由好讲。面对这样的沟通对象，我们首先要看对方矫情的程度，如果对正常的交往没有什么影响，那么，我们大可以将这种矫情看成是对方一种“可爱”的表现，以一种宽容的态度去包容。

案例1　女孩小林出生在一个条件并不是很好的家庭，本应成长为吃苦耐劳型的女孩，然而她在与人交往的时候，总是非常矫情。每次跟同学去食堂吃饭，总是嫌饭菜难吃，并且还非常大声地说："今天的肉炒得太老了！厨师水平又下降了！"虽然嫌饭菜不好吃，但是几乎每次都把打好的饭菜吃得精光。她的言论总是惹得厨师不高兴，惹得其他同学投来不屑的目光。

后来，小林交了男朋友，性格仍然没有收敛，但是她的男朋友却非常喜欢她，甚至觉得她的矫情表现非常可爱。每次小林耍性子的时候，男朋友总是笑一笑，宠着她。在小林的男朋友眼中，小林只是矫情，心地并不坏；她之所以那样说话，只是性格使然，并且也仅仅是说说而已，典型的"说归说，做归做"。

案例解读　食堂里吃饭的其他同学之所以会不屑小林的矫情表现，是因为他们对小林的具体为人并不了解，而小林的身边同学以及她的男朋友对小林的矫情表现不以为意，是因为他们觉得小林的这种矫情对学习、生活并没有负面的影响，所以愿意去包容她。如果我们身边有那种矫情的人，在与他们交往的过程中，他们的矫情表现不影响双方的正常交流，那么，我们可以选择包容他们，不必深恶痛绝。

而有心计的人通常在与人交往的过程中不受欢迎。因为人与人相处最重要的一点就是要坦诚相对，如果一个人总是跟你耍心眼儿，说话拐弯抹角，那么，你势必会从心底厌恶对方的这种表现。

事实上，很多人之所以会跟人玩弄心计，并不是有意为之，而是出于一种自我保护的本能。或许他们自己并没有意识到自己的心计会给别人带来困惑，会影响自己在别人心目中的形象。因为在他们心中，要一点小小的心计，只是保护自己在建立起一种关系的时候，不受侵害。就好像幼儿园的小朋友，为了保护自己千方百计要的小聪明一样，又可气又可爱。

案例2 有一个富翁，他独自一人住在豪宅中，感觉非常孤独。于是他想把房子卖掉，去一个人多的地方居住，找一些同龄老人打牌、下棋，安度晚年。

听说房子要卖，很多有钱人都来看这套豪宅，并且给出了非常可观的价格。

有一天，一个年轻人来看房，对房子赞赏有加。

富翁问对方："你打算买这套房子吗？你有钱吗？"

年轻人非常肯定地回答说："钱，我当然是有的，但是现在我想跟你谈一谈另外一种购买方案。"

富翁说："说来听听。"

年轻人说："你把这套房子便宜一点卖给我，然后我邀请你跟我一起居住在这里，并且我会把你当成自己的亲爷爷一样对待，照顾你。你把房子卖给别人，只是得到一些钱，但你最不需要的就是钱，而你把房子卖给我，你就能得到快乐，这是别人给不了的，也是最珍贵的。这样你的晚年会更加幸福。"

事实上，富翁早就看出年轻人并没有足够的钱买豪宅，但是他也丝毫没有因为对方玩弄小心计而生气。富翁觉得这个年轻人很可爱，有勇气。

三天之后，富翁将房子以一个非常低的价格卖给了年轻人，同时他也选择留了下来，安享晚年。

案例解读　其实，很多时候，玩弄心计很容易被交往对象识破，只是玩弄心计者自己不知道而已。而识破他人在跟自己玩弄心计的人，可粗略分为两种，应对方法也分为两种。

一种人会当面戳穿。这样一来，玩弄心计的人就好像被脱掉衣服站在大街上一样，羞愧到无地自容，以后很难有勇气再去面对这个揭穿他的人，从此两人再无交集。

另一种人比较聪明，在人际交往中，发现对方在跟自己玩弄心计，看破而不说破，看穿而不揭穿，这样的人才是真正的交流高手。

其实，无论矫情也好，心计也罢，关键是要看与之交往的人格局大小。格局小的人，会认为这两种表现完全不能迁就，而格局大的人会觉得这两种表现可以理解，只要不影响双方的交往即可。

每个人的处世之道是不同的，所以在与人交往的过程中，要适当地允许别人表现矫情和玩弄心计。

视频 23　面对心计，沟通高手的做法是：看穿而不拆穿

看穿而不拆穿，当众不揭短，背后私下谈，是情商高的人与一般人最显著的区别。手机扫描下方二维码观看视频，看看聊天高手是如何讲解本节内容的。

体谅与宽容

体谅与宽容别人是一个人的修为和素养，也是一个人的为人处世之道。纵观历史，那些成大事者大多心胸开阔，有着海纳百川的胸怀与度量，而那些傲慢偏执的人总是形单影只，时常陷入孤立无援的境地。所以，一个人的心态格局会影响其一生，小到生活琐事，大到生存的意义。

夫妻之间需要体谅。妻子体谅丈夫在外工作的辛苦与不易，丈夫感激妻子为家和孩子的付出与操劳，这样夫妻关系就会更加和谐。朋友之间需要体谅。双方站在对方的立场上思考问题，体谅对方的说话环境和语气，这样彼此会更加知心体贴，友谊会更加长久。一个人在生活中，只有能够做到体谅别人，才能与人和睦相处。

关于体谅，大家可能都看到过这样一个笑话：

妻子在厨房做饭，丈夫下班回家之后直接走到厨房唠叨起来：

“慢一点，火太大了。”

“快些把菜翻一翻，都快要糊了。”

“能不能少放一点盐？”

……

妻子实在忍受不了这样的唠叨，冲着丈夫吼道："闭嘴！我会做饭！"

只听丈夫不紧不慢地说："我知道你会做饭。我只是想让你知道，每次我开车的时候，你在我耳边不停地唠叨是怎样的感觉。"

这个笑话虽然讲述的是夫妻间一件小小的趣事，但是却反映出体谅在生活中的重要性。如果夫妻双方不能站在对方的立场上考虑，就容易导致一方产生负面情绪；负面情绪压抑太久，就会产生更大的矛盾，影响家庭和睦。

案例1　小张和妻子经过几年爱情长跑，终于步入了婚姻生活。当爱情的童话面对生活的柴米油盐时，问题就产生了。过去他们一直憧憬着婚姻生活会非常美好，随着很多生活琐事的不断出现，他们内心的憧憬逐渐被消磨殆尽。

小张是一个业务员，结婚以后妻子就辞去了自己的工作专心在家抚养孩子。于是房贷、奶粉、水电、吃穿等一系列费用瓜分着小张的工资。为了生活更加宽裕，小张更加努力的工作，起早贪黑地在外面拼搏。

劳累一天回到家，小张希望妻子能够给他更多的安慰和鼓励，但这基本上就是奢望。可妻子也感到委屈，因为她整天在家洗衣、做饭、带孩子，完全与结婚前那种浪漫精彩的生活告别了。为什么别人可以把生活过得精彩绝伦，而自己却过着保姆般的生活？妻子抱怨丈夫回家之后不帮忙，对自己不像结婚前那么上心。

当然，妻子的辛苦与无助，小张也根本没有看到，他无法忍受妻子从一个灵动活泼的女孩变成一个每天只知道责备的怨妇。

于是两个人的婚姻生活，基本上没有什么交流，但凡说话就可能会引起一番矛盾。

这样的日子让小张痛苦极了，终于有一天他把这些烦心的事情说给了朋友听。于是朋友将自己和谐婚姻生活的心得说给小张听，其实就是两个字“体谅”。

朋友告诉小张，要站在妻子的角度去理解她的辛苦，理解是相互的，只要能够做到体谅，那妻子就一定能够报以积极的回应。

小张带着朋友的嘱托下班回到家。虽然已经满心疲惫，但是小张还是快步走到厨房帮忙做饭。

很明显，妻子被小张的行为震惊了！她愣在那里，不解地说道：“今天太阳从西边升起了？”接着露出了难得的笑容，说道：“你也辛苦一天了，陪陪孩子就可以了，厨房的事情就别管了。”

小张陪着孩子，看着妻子忙碌的身影，一下子热泪盈眶。

案例解读 体谅是人与人之间的一种相处方式，如果想让人生更加顺遂，还必须要学会另一种高贵的品质，就是宽容。生活中，我们经常说，体谅并且包容，也就是说，站在对方的角度考虑问题，然后理解对方，虽然对方的言行自己不满意，但是也不强求对方改变。这样生活中的矛盾才会更少一些。

事实上，宽容是比包容更高一层的格局。相对来说，包容只是暂时不计较，而宽容则是彻底地随风而去。一个宽容的人能够坦然面对任何事情。生活中总有一些事情会对我们的成长和发展产生不利的因素，如果我们能够宽容待之，就必定会获得福报。

人际交往中难免会产生一些矛盾，这就需要我们去解决矛盾。有些人不擅长与人沟通，他们没有正确的交流方式。当我们跟他们打交道时，该怎么办？与其针锋相对，还不如试着去打动对方，一种方式不行，就尝试换个时间、换个地点。总之，在沟通过程中，体谅和宽容是至关重要的。哪怕对方冒犯了我们，我们也要用最豁达的心去宽容。这样才能成为一个坦荡的人，更容易走上成功的道路。

案例2　南方的一个古镇，是著名的酿酒古镇，这里的酒在当地非常畅销，甚至声名远扬。老祖宗的这套工艺养育了张家和李家两代人。之所以是张家和李家，是因为从他们的祖辈开始，两家人就一直保持着合作关系。张家过去是地主，拥有大量的土地种植粮食，而李家是酿酒世家，仅仅只有一个秘方，于是两家人相互合作分成，共同成就着祖业和各自家族的繁荣发展。

随着社会的不断发展，人们接触了更大的市场空间。于是张家开始暗暗想着自己的发财梦。有一年，粮食丰收，张家着急给儿子娶亲，需要钱，觉得按照往年的价格把粮食卖给李家实在有点太亏了，于是偷偷地把粮食高价卖掉很大一部分。这给李家一个措手不及，从别处买粮食根本就来不及了，最终导致当年的酒产量锐减，损失相当惨重。从此以后李家再也不理张家，两家人彻底绝交。

后来机器大规模地投入到农业生产中，粮食的价格一路下跌，张家的粮食不仅卖不上好价钱，有时甚至还会出现滞销的情况。李家的继承人看在眼里，决定对张家以往做的事给予体谅和宽容。

于是李家主动去拜访张家，表明自己的诚意，而张家也完全被感动，从此两家化干戈为玉帛。这样，张家的粮食卖了好价格，李家的酒也因为本土粮食而更加纯正，销量也更高。两家共同实现了祖辈们的心愿。

案例解读 从这个故事中，我们能够体会，无论是什么时间、什么场合，体谅和宽容都完全适用。另外，体谅和宽容也不应该架设前提，不能因为得到体谅而去体谅，获得宽容再去宽容，只要每一个人都向前一步，那么世间就没有过不去的心结和坎坷。

人生短短几十年，痛哭而来，痛苦而去。如果在生活的过程中还继续痛苦、别扭，那岂不是辜负了人生？所以，要学会体谅与宽容别人，让自己的心敞亮一些。除了不做伤害他人的事情，即便他人因为一时的情绪压抑和错误做出了伤害我们的事情，我们也要宽容对待，避免社会变成一个冤冤相报的角斗场。

所以，懂得体谅与宽容别人，豁达做人，生活中必然充满阳光。

视频 24 学会体谅与宽容，别把贵人误当成“小人”

平时常怀体谅与宽容之心，如此说话办事才能恰到好处，让人舒服。手机扫描下方二维码观看视频，看看聊天高手是如何讲解本节内容的。

牢记自己的角色

平时，我们听到周围人对一个人评价不错，情形往往是这样的：

家里人说："这是个好孩子。"

朋友说："这个人值得深交。"

老板说："这位员工勤勤恳恳，工作认真。"

……

一个人能得到众人的肯定，我们就能得出结论：这个人能够清晰地认识自己，在不同的场合，面对不同的人，知道自己该干什么，不该干什么。

牢记自己的角色，意思就是我们应该在生活中扮演好自己的角色，认清自己是主角还是配角，抑或是观众。主角，外界形象是耀眼闪亮，众人都以之为焦点，所以，作为主角，我们就要给人以正能量，让所有人都以我们为榜样；作为配角，需要配合主角完成整个剧情，切记不可抢戏，以免整个剧情显得不协调；作为观众，受益者，我们需要安静地吸收整个剧情的精华。

我们知道，人不可避免地总会犯一些错误。犯错的时候，我们自己可能并不知道，需要周围的人批评指出。直言不讳的人发现别人犯了错误，会立马提出来，帮犯错对象及时纠正。而某些犯错对象，不但不感谢直言不讳者，反而认定对方是在存心跟自己过不去，挑自己的毛病，打击自己的积极性，以致记恨对方。

其实，我们本应该感谢对方，然后反躬自省，纠正错误，否则讳疾忌医，势必会付出更大的代价。所以，我们一定要抱着谦虚的心态，去与他人交往，因为只要交往对象愿意将其心底对我们的真实看法表达出来，那我们就是幸运的，因为毕竟生活中假话易得，真话难求。

案例1 一位讲师在大学里讲完课，正要去某公司给高层经理上课，刚要离开，一位学生过来和讲师说："老师，听说您要去某公司培训，我能过去听一下您的课吗？我也想学习一下。"

这位讲师毫不犹豫地说了一句："可以呀！"

这样，这个学生就跟着这位讲师来到了这家公司。讲课时间只有半小时，因为半小时以后，这家公司的其中的一位领导人还要赶到另一家公司谈合作的事。

当讲师讲到一半时，这个学生开始提高声音发问，并且在讲师解答后又发表起自己的不同观点。眼看他发表自己的观点滔滔不绝，讲师不得不抬手示意他先落座，对他说："同学，欢迎你课后跟我探讨交流，现在请让我把课讲完，如何？"

这名同学立马明白了讲师的意思，很不好意思地收声落座。

课后，这名同学走到讲师跟前连声道歉："老师，对不起，我错了。"

"没事，以后一定要注意，认清自己的角色，该干什么，不该干什么，这是老师对你人生的一个忠告。"

案例解读　我们应该感谢那些能够直截了当地将我们的不足之处指出来的人，要知道这样的人是真正发自内心对我们好的人。无论人家在任何场合，以什么样的态度指出我们的缺点，让我们做好自己，都是我们应该予以感谢的。

所有的人都明白一个道理，就是“在其位，谋其职”。我们努力了，但却没有收到良好的效果，就要反思一下努力的过程了。究竟是在哪个环节出现了问题，进而针对出现的问题想办法解决。我们应该怀着出世的心做入世的事，将自己拥有的技能、优点传递给周围的人。这样，我们才算是做好了生活赋予我们的角色。

案例2　有位高中语文老师，每次都很珍惜自己在课上的45分钟。课堂上，他不断地讲，45分钟，讲得口干舌燥，身心疲惫。期中考试，学生们却绞尽脑汁，答不出题。结果可想而知，班级总成绩极低。

这位语文老师开始反思，究竟是什么原因导致这样的结果。他请教了已教学多年的、具有丰富经验的老师。对方分析得出的结论是：学生们根本没有消化他所传授的知识。那么如何才能让学生很好地消化吸收他传授的知识呢？对方给出的建议是，调动学生的积极性，让他们爱上学习，主动学习。

于是，这位语文老师再上课时，会将前20分钟时间用来传授知识；后25分钟，调动学生的积极性，让大家回答问题，表述自己的观点。如此一来，学生们都融入课堂学习，享受着活跃的课堂气氛，自然而然，期末考试成绩有了明显提高。

案例解读 我们认清了自己的角色，还要适时转化自己的角色，以便能跟任何人都聊得来。

一个跟任何人都聊得来的人，自然会赢得外界的好评，很多人都做不到这一点。比如说，一个人在工作中受到老板的表扬，得到同事的认可，但回到家里，却总是和家人闹矛盾。这个人没有学会适时转化自己的角色，在家里还是以一个工作者的身份与家人相处，放不下自己在工作中获得的荣耀、光环。这个人并没有考虑到家人想要的究竟是什么，没有在工作与家庭或社交圈里转换好自己的角色。

案例3 我有一位做销售的朋友，刚开始，他的业绩并不好，经过一段时间的努力，业绩开始慢慢提升起来。经过三年的努力，他成为公司里的销售冠军。

公司领导很器重他，同事也以他为榜样，向他请教销售经验，问他如何一步步获得成功。时间一久，他就享受在这种夸赞声中。回到家里，母亲怕他骄傲，不时提醒他，让他这样或那样做。当然了，母亲也给予他肯定，但并不像他在上班时领导和同事那样对他。

天下的母亲都希望自己的孩子能够成才，但也希望孩子可以和自己多说说话，多谈谈心。我的这位朋友回到家中总会摆出一副自己很骄傲，自己有多优秀的姿态，对母亲有些不大热情。母亲自然很不舒服，结果可想而知，两人经常闹矛盾，吵架。外界给他的评价是，他在工作中很优秀，但却不能很好地调节家庭关系。

多年以后，看到母亲两鬓斑白，他意识到自己的行为十分不当。于是，每天回到家，他不再跟母亲闹矛盾，高傲的神情不见了，主动敞开心扉同母亲谈心。这样，母子俩的关系越来越融洽，家里经常出现欢乐的笑声。

案例解读　想要做一个跟谁都能聊得来的人，就要摆正自己的心态。说话要注重场合，把控好自己的态度，该强势时要强势，该放下身段要放下身段，跟人平等友好交流。

一个人在家里牢记自己的角色，有助于同家人和睦相处；在工作中牢记自己的角色，有助于提升业绩，得到领导与同事的好评；在社交圈中牢记自己的角色，有助于赢得他人的友谊，结交到患难见真情的朋友。

所以，找对自己的位置，牢记自己的角色。这是我们在日常生活工作中说话办事时必须要谨记的。在你的位置说你该说的话，别人会信服你，尊重你；如果没找准位置，信口开河，难免惹人生厌。

视频25　认清自己的角色，做好你自己才是你该做的

认清自己的角色，少以自我为中心，知道什么该说，什么不该说。手机扫描下方二维码观看视频，看看聊天高手是如何讲解本节内容的。

生存 · 生活 · 生命

一个人想要成为交际高手，就要分清楚对方认为的人生意义是什么，然后有针对性地去聊天，从而达到自己想要的聊天效果。

人生的意义大致可以分为三个层次，即生存、生活和生命。生存是人生最基本的意义，它指的是人们在物质上的追求，能够吃饱、穿暖，有地方住。生活层面是基于生存层面的更高追求。当人们的生存需求满足之后，就需要更加丰富的内容去充实自己的人生，比如唱歌、泡吧等休闲娱乐活动。

与人相处，彼此之间相同的娱乐爱好越多越好。这样，相互之间才会有更多的话题可谈，才会形成默契，加深交情，进而利于各自努力实现完成生命更高的意义，也就是更高一层次的生命精神。

《西游记》是大家耳熟能详的一部经典作品，唐僧师徒四人去西天取经，一路降妖除魔，为取得真经而历尽千辛万苦。虽然他们一路上经过的地方不断改变，遇到的妖怪不断地变换，但是唐僧每到一个地方，向别人介绍的用语都始终如一：贫僧唐三藏，从东土大唐而来，要到西天取经。这句话看似简单，但是却明明白白地告诉我们三点：我是谁，我从哪里来，我要到哪里去。这就是唐僧的生命精神，将自己全部心血奉献给了取经这一件事情。把这一件事情看成是自己一生的事业，这对生命来说，就已经足够了。

人生短短几十年，我们在珍惜自己生命的同时，是否也应该像唐僧一样，在生命层面上有更高的追求，能够去救死扶伤，能够献出自己的爱心，帮助那些需要我们帮助的人呢？我们是不是应该对一切人类的智慧怀着一颗敬畏之心去学习和传承，将我们的人生经验分享和传承给身边的有缘人、传承给自己的下一代呢？答案不言而喻。

所有的这一切都属于精神层面和心灵层面上的动作，我们把它叫作生命层面上的修为和追求。

与人交流的过程中，从一个人说的话，我们就能够发现他的层次。不同的人对人生有不同的追求，所设定的人生目标也不同，给自己的人生定位也存在很大的差别。如果一个人整个谈话都围绕着生存层面在谈，例如到哪里玩耍、干什么赚钱等，说明他还没有道德情操和高尚的东西可言。而一个人如果总是谈生活中玩乐和享受方面的事情，那我们就能知道，这个人比较自我，精神层面还没有达到一定的高度，还缺少大的修为和修炼。

如果我们想要跟谁都能聊得来，那我们就要分清楚这三个层面，看看这些人到底属于哪一个层面上的人。加以区分之后，我们就能跟不同的人采用不同的沟通方式，尽可能地与其同频，或者是适当地引导其更上一层楼。

当生活中遇到生存层面的人，你要尽量把话说得平和易懂一些，与这一层次的人形成好的互动，给人感觉你是一个非常接地气的人。这样别人就愿意与你交流，没有思想负担。当你遇到生活层面上的人时，说话时就要严谨一些，让人觉得你是一个有生活趣味的人，给人一种亲切感。这样大家才会愿意将快乐的事情分享给你，形成良好的沟通。当你面对的是一个生命层面上的人，你就要严格地把控自己的谈吐，以免让对方觉得你是一个没有脱离低级趣味的人，从而失去跟你交流的兴趣。

总之，跟不同层次的人交流，我们要学会转换思维。这样才能跟各个层面的人相处融洽、彼此受益。

视频26　生存、生活、生命，你“聊”的层次体现你“人”的层次

一个人的思想境界决定了其谈吐和社交能力。手机扫描下方二维码观看视频，看看聊天高手是如何讲解本节内容的。

第六章

让沟通轻松起来

与人交流，切忌没话找话，话题沉闷，甚至陷入无话可说的尴尬境地。营造轻松愉悦的沟通氛围，知道怎么说，比说什么更重要。

敞开胸怀

我们每天都要与许多人接触，总会碰到几个说话不中听的人。与这样的人沟通，我们大可避而远之，但有些人是你躲不过的，他们要么与你保持着密切的关系，要么决定着你的仕途前程，要么决定着你的工资待遇。与这些人聊天的关键，就是你要有宽阔的胸怀去容纳沟通中可能出现的各种情况。

案例1 小登现在回忆起自己高中毕业时随父亲打工的一段经历，依然感慨良多。如果当时自己会说话，会聊天，也许情况会好许多。

小登家境一般，父亲常年在工地上打工。高考结束后，小登不想在家里浪费时间，他决定要到工地去打工，去找自己的父亲，体验一下父亲每天的辛苦。

工地上的生活让小登体会到了父亲的不容易，他下定决心一定要努力奋斗，不让父亲这么辛苦。一天晚上，工头为了赶工期，强迫小登父子加班。已经凌晨一点半了，小登父子还在楼顶上打水泥顶。这时龙门吊吊着一吊混凝土落在楼顶，小登父亲在卸混凝土的时候，偏离了一点预定的位置，工头上来对小登父亲劈头盖脸就是一顿骂。在一旁干活的小登瞬间火起，抄起手中的铁锹就要打工头，小登父亲赶忙迎上去拉住小登，边责骂儿子，边向工头赔不是。

工头也觉得自己有些过分，没有继续计较，让他们赶紧干，干完回去睡觉。工头离开后，父亲语重心长地对小登说："爸爸知道你看不得我受委屈，但是你必须要明白你来这里的目的是什么。吃苦不光是吃身体上的苦，更重要的是吃心里的苦。且不说今天确实是因为我的失误导致混凝土卸下的位置出现偏差，就算是人家冤枉了我们，我们也得受着，因为我们还要在这里挣钱，工头的一句话就可以让我们回家。所以，我们有时候必须要学会隐忍，只有这样我们才能挣到工资。一时冲动谁都可以，但如果要付出拿不上工资的代价，那就得不偿失了。与其那样，我们还不如不来这里受这个苦了。"父亲的话让小登心里感到很痛苦，自己的父亲为了挣钱供自己读书，不但要承受身体的劳累，还要忍受别人的责骂，太不容易了。但是工头确实是不能得罪的，哪儿的工头都一样。自己的冲动是解决不了任何问题的。

现实就是如此，在当时的情况下，小登的冲动极有可能让父亲几个月的辛苦付诸东流。如果当时他会说一些，说一些既能够让工头心里舒服又能维护父亲尊严的话，那样才是实力的体现。

案例解读 小登是一个孝顺的孩子，父亲受到辱骂，他必须要站出来维护。在当时的局面下，也许小登出于本能反应，来不及想有没有其他维护父亲的方式。在当时那种比较紧张的情况下，我们确实没有必要苛责一个孩子能说出什么高明的话来化解当时的矛盾。而我们从这件事得到的反省是：

当我们跟别人发生不愉快时，对方若处于强势地位，我们就必须要在维护自身利益的同时避免跟对方撕破脸，要有礼有节地维护我们的利益。这就要求在用词的拿捏上下足功夫，既要维护我们的尊严又不能伤了对方的面子。这是一个非常需要水平的聊天过程，所谓冤家宜解不宜结，我们交流的目的是告诉对方要尊重我们，而不是与对方撕破脸，所以，一个宽阔的胸怀是解决冲突的前提。面对我们的领导，我们无法与其撕破脸，同样，面对我们的亲人，我们也不能因为争论而伤害了亲情。

案例2 小红自己找的男朋友并没有获得父亲的认可，父女二人因为这个问题产生了巨大的分歧。

小红与男朋友是大学同学，两个人从大一开始就在一起，四年相处培养了深厚的感情。在小红的心中，已经非男友不嫁了。而在父亲的眼中，这个小伙子不善言谈，家境又不好，自己的女儿嫁过去，肯定会吃不少苦。所以，他实在是不放心将女儿交给这个小伙子，他希望女儿能慎重考虑，不要被一时的冲动蒙蔽了双眼。

小红知道从小父亲就疼自己，只要自己想要的东西，父亲总会想方设法让自己得到。现在自己的家境也很好，父亲不同意自己嫁过去，关键还是怕自己以后受苦，对自己男友的发展前景没有信心，所以小红明白，绝对不能跟父亲把关系搞僵。其次，必须要树立男友在父亲心中好的形象，要让父亲放心，让他相信自己的女儿嫁给这个小伙子以后一定会幸福。在这些原则的指导下，小红开始了与父亲一步步地交流。她先给父亲展示了许多男友在学校里获得的各种奖状证书，告诉父亲，男友在学校是优秀的学生干部，另外给父亲看了许多自己拍摄的男友勤工俭学的照片，告诉父亲，男友家里虽然不宽裕，但是他个人很争气，很上进，四年大学，学费全是凭自己的双手挣出来的，没有花家里的一分钱。最后，小红拿出了自己的“压轴武器”——三份专利证书。这些发明都是男友运用自己所学的专业知识，通过不断努力获得的科技成果。小红想告诉父亲，自己的男友很优秀，别看他现在好像起点不高，但是他的潜力无限，假以时日，必定会成为不可多得的优秀人才。见父亲好像在沉思，小红知道火候差不多了，她拿出一份大型国有科技企业的录用通知。原来经过层层选拔，自己男友已经从数千人中脱颖而出，获得了一家大型企业工作的机会。

父亲的脸上露出了满意的笑容，但是就是不松口让小红跟她男友结婚。小红有些迷惑，是自己哪儿还没有讲清楚？她换了一种态度，向父亲撒娇道：“行不行啊？您倒是说句话啊！您再这样我就不理您了啊！”

父亲从小就疼爱自己的女儿，女儿一撒娇，他道出了自己的心里话：“我不否认他确实很优秀，但是再优秀，只有对你好才有意义。我真的不知道他是否会好好待你，等他飞黄腾达后会不会抛弃你……爸爸真的不放心啊！”

父亲一句话，说红了小红的眼睛，她流着泪说：“我们相处四年，感情经历了很多的考验，现在我们依然能在一起，我相信我的选择不会错的，只希望您能够支持我。我永远都是您的好女儿。”父亲见女儿态度如此坚决，也就不好再反对什么，点头同意了女儿的婚事。

案例解读　谈话的胸怀，是包容、是涵养、是境界、是面对突然出现的变故时的应变能力。要成为一个优秀的沟通者，必须要具备宽广的胸怀，这样才能兵来将挡水来土掩，收放有度，进退自如。用你的胸怀去聊天，底线就是不要将天聊死，如果聊死了，也就失去了聊天的意义。在不把天聊死的前提下，尽量让对方接受你的观点，你的想法，努力营造融洽的聊天气氛，化剑拔弩张为其乐融融，和平友好地解决分歧，在解决问题的同时还收获人心。

视频 27　让你与机遇擦肩而过的是性格，而不是没有才华

胸怀广阔，受得了委屈，听得了忠言，吃亏是福，受用一生。手机扫描下方二维码观看视频，看看聊天高手是如何讲解本节内容的。

参与感

在当今移动互联网时代，有个重要的名词——参与感。参与感指在某些固定的场合，大家共同参与某项活动、某个话题，各抒己见的一种精神感受。参与感不仅有助于自我提高，而且还可以调动他人的积极性。

这里讲的参与感是从考虑他人的感受入手。就是你将说话的权利让给他人，让他人有发言权，你要乐于倾听他人的诉说，适时夸赞他人。参与感也是一种精神享受。在平时的生活、工作、学习中要想让你及你身边的人都心情舒畅，就应该随时随地调动他们的参与感；要能够换位思考，设身处地地想一下对方的感受，将对方的感受放在第一位。这样的人，才是真正注重对方参与感的人。

案例 1　在大学里，一个宿舍有八位同学。这八个人相处得很好，他们相约，将来一定要一起开一家公司。

大学毕业，他们从零起步，来到了一家公司工作。工作了几年之后，在大学里原来是舍长的这个人提出要带领大家一起出去创业。

这八个人里有六个人同意了舍长的提议，另外两个人觉得这里的待遇很好，安于现状。而且这两个人也认为带头单干的舍长总是独断专行，从来都不考虑别人的感受。

于是，这六个人出来单干开了一家小公司。

开始总会有些波折，不过很快就过去了，现在的公司做得风生水起。大家都有了高收入，舍长还为每个人配了一辆车。

但最近一段时间里，舍长发现每个人都闷闷不乐，他心想：现在公司有了起色，他们为什么会不高兴呢？于是，他将大家召集在一起问："你们都怎么了？是因为工作上的事，还是因为个人原因？"

这时，其中一个人开口说道："创业之前，我们的那两位同学说的是对的。一直以来你都是自己决定一件事，然后传达给我们。在沟通过程中从来不考虑我们的意见，不关心我们是不是喜欢干现在手头上的工作。你为我们配备车时都没有征求过我们的意见。我们的收入很高，但却一点都不开心。"

听同学这样说，这个人开始反思了：对啊！自己一直都是这样，应该改一改了，否则自己就真的没有伙伴，没有朋友了。

从此之后，他无论做什么都开始征求同学的意见，有事大家一起商量。

案例解读　一个人懂得了参与感的真正含义，那就证明了他具备资源整合的能力。这样的人在事业上肯定会一帆风顺，因为他很会激发别人的参与意识，让人有参与感。

我们的生活、学习与工作都离不开人与人之间的相处。人与人之间心灵相撞就能相互了解，那么通过什么方法可以相互之间具有心灵感应呢？就是通过语言上的交流。这也是激发人们参与感的一种体现。一个人说话不能自顾自地滔滔不绝，说话的过程中一定要考虑身边人的感受，将对方愿意听的讲出来；有利于对方的事情讲出来；对方想象不到的讲出来。一句话的意思不变，但需要注意的是，在不同的场合，面对不同的人，要适当变化自己的说话方式和语气，换一种能够让人接受的方式讲出来，这样，对方才能够接受。

一个能够激发人们参与感的人是可以设身处地为他人着想的人。古人留传下来一句话：得民心者得天下。让大家真切地感受到你是真正地在为他们考虑，那大家将会怀着一颗感恩的心，心甘情愿地帮助你。这就是参与感的重要性，尤其是在这个物质生活比较丰富的社会，大部分人注重这种感受，有了舒适的感受，心情自然就好了起来。

案例2 有个推销日常生活用品的业务员，偶然间，他认识了一位老人。这位老人开了一家超市，家里就他一个人打理这家超市，儿子常年在外做生意，一年回家的时间加起来都不足一个星期。

业务员观察了老人一段时间，他能够感受到这位老人很孤独。于是，他经常去帮助这位老人，与老人谈心。通过谈话，业务员了解了老人内心的真实感受。时间一长，老人就把他当作自己的孩子来看待，开始信任他，经常会从他所在的公司进货。

一天，老人的儿子回来，正好遇到这名业务员和自己的父亲待在一起说话，他问清了来龙去脉之后，坚决不让父亲和这名业务员接触了，但父亲却批评了他。

父亲说："从一开始我就知道他是干什么的。你常年在外，都是他来照顾我的，而且他也知道我最需要的是什么，这就够了。他替你做了你本应该做的事，你是不是也要感谢人家？"

老人的儿子听完父亲说的话之后，很惭愧，感谢了这名业务员。后来，他和业务员也成了好朋友。

案例解读　这名业务员之所以会得到老人的赏识，就是因为他知道参与感的重要性，而且他也懂得如何灵活运用这种参与感。对于一个营销者，要多从客户的感觉与感受上下功夫。但仅靠一个人的力量还远远不够，应该从所有人的利益出发，了解他们的感受，感受他们的感觉，调动所有人的积极性，使得大家都团结起来。

我们去做一件事，需要他人的帮助，但要让所有人都知道，这件事与他们自身也有很大的关系，这样就能调动起大家的积极性，把这件事当作是自己的事来做。要知道人心是相通的，我们时时刻刻都在与人打交道。尤其是对于领导者、管理者或执行者而言，切不可一意孤行，应多听听身边人的建议，让他们也参与到每件事里，这样一个人的担当就变成了所有人的担当。

与人打交道，就要清楚人性的弱点，把握人性的特点。每个人都渴望被他人重视，每个人都希望得到他人的尊重，希望自己在紧要关头也能发表自己的观点，希望自己的观点都能被采纳。我们只有清楚了这些，才能轻松驾驭人性，在做事的时候就能化被动为主动，合理运用自己的主动权。所以，给出空间，让别人参与到你的事业和话题，你就很容易获得成功。

视频28　懂得留给别人参与空间，你会很招人喜欢

人与人交流，参与感十分重要。参与感缺失，对方就会失去继续与你交流下去的兴致，沟通效果自然大打折扣。手机扫描下方二维码观看视频，看看聊天高手是如何讲解本节内容的。

消除负能量

负能量容易挫败人的自信心，让人缺乏前进的动力。一个人的内心一旦有了杂质，就会到处抱怨世界对他不公平。时间一长，他还会将这种负能量传递给周边的人，对其他人产生负面影响。要想让一个人拥有纯净的心灵，就必须要去掉负能量。

案例 1　在信息时代，微信是每个人必备的通信方式。某公司为了让大家可以及时沟通建立了一个微信群。

每天每个人都必须要完成自己的任务。财务部门、销售部门、设计部门都忙得不可开交，疲惫加劳累在所难免。有些人就在微信群里面抱怨工作太累了，不在自己的承受能力范围内；还有的人甚至直接公开表达对某个部门的意见。不久之后，大家都开始怨天尤人。

总经理见此情景，立即通知各部门召开紧急会议。他必须要遏制这种负面能量扩展下去。他认真地为每个人传达这次会议的精神。经过长时间的谈话，那些传递负能量的人也认识到了自己的错误。从那以后，所有的人都打起精神，积极工作，认真做事，再也没有人在公司群里传递负能量了。

案例解读 要想人生没有负能量，就要客观公正地去面对一件事，在做事或说话上自信满满。做人不可自负，也不要自卑，带着自信去做事可以让你拥有舒畅的心情，在众人面前说话就比较客观公正。

在我们生活或工作的场所都不应该有负能量的产生，人一旦有了负能量，整天都会无精打采，生活提不起兴致，工作缺乏积极性，总是不停地抱怨。这种行为不仅害了自己，同样也害了身边的人，破坏团队力量。要知道，团队力量无穷大，一个人的能力毕竟有限。每个人都具备一定的本领，相互鼓励，团结奋进，那我们离成功也就一步之遥。如果一个人在团队中不停地传递一些负能量，那这个团队终有一天会垮塌、解体。

案例2 一天，某公司领导为了考验各部门的团结情况，带着两个部门的人来到野外进行了一场拔河比赛。

大家观赏了一会儿美景之后开始拿出了拔河绳。拔河比赛即将开始，其中一个部门的人聚在一起商量对策，他们窃窃私语，不知说了些什么，而另一个部门的一个人回头小声对大家说："我们肯定赢不了，看他们个个都那么强壮。"

接着，他后面的人也说："对啊，他们部门的人工作能力也很强，他们正在商量对策。这次，我们完了。"当时，这个公司的领导也听到了他们的对话，但他并没有说话。

比赛开始了，两个部门的人开始用尽全力拔河。那个刚刚聚在一起商量过的部门齐声喊道"一二！加油！"，另一个部门的人就被拉了过去，输赢自见分晓。

第二天，公司领导专门来到昨天拔河比赛输了的部门开了一个会。他说："难道你们没有意识到你们这个团队一点儿都不团结吗？我昨天就观察过你们了，做事总是各怀心思，而且还引导其他人也按你们的想法去做事。我希望你们在今后的工作中能够相互鼓励，团结起来，相信你们一定能够成功。"

听领导说完之后，大家都意识到了自己的错误。此后，大家加强团结，遇事相互鼓励，为公司贡献了力量。

案例解读　负能量一旦传播开来，所有的人都会失去自信；所有的事都没有办法进行下去；所有的人都感觉精疲力竭。这时候，就应该有组织者分析出事态的严重性，及时帮助大家调整心态。如果这些人迷途知返，还有相处下去的必要；如果这些人不知悔改，那么，不要犹豫，果断离开这些人，或者让这些人离开。

每个人都会有处于消极状态的时候，而这时，我们的身边肯定会有几个朋友能够感受到当事人的喜怒哀乐，他们会劝导当事人不要陷入迷茫，应该振作精神。如果我们是当事人，就应该听他们的劝告，客观正确地认识自己，否则，我们将会把消极情绪带给身边的朋友。放任负能量传播，社会风气也会受到影响。

案例3　动画片《蓝精灵》里的厌厌总是说："我讨厌这个，我讨厌那个"。其中有一集是这样的：小精灵们被格格巫追赶到一个悬崖边，下面都是水，蓝精灵们都跳到了水里，只有厌厌不会游泳，跳的时候抓住了树枝，差点被格格巫抓去。

厌厌不会游泳，蓝精灵们就用尽了各种方法让他学习游泳。

学习的过程中，厌厌总是说“我讨厌……我讨厌……”，根本就没有信心学会游泳，最后，还是因为蓝宝宝差点被格格巫抓走，厌厌跳到水里救了蓝宝宝才学会游泳的。

案例解读 厌厌的消极情绪不可取但他很庆幸，他身边那么多的朋友对他不离不弃，总是一直帮助他。厌厌如果也像他的朋友们一样相互鼓励，团结一致，信心满满，那对付格格巫就更容易了。

一个人要想立足于当今社会，就要听得进去劝告，听得进去身边人给的建议。这样，他才能够适应社会，去掉一些本身存在的杂质。人不可固执。固执，只会害人害己；固执，只会让你原地踏步。传递正能量，去掉负能量，发自内心意愿去改变自己。

视频 29 消除一个人的负能量，拯救的可能是整个团队

团队中那些令人消极的、倦怠的、心里不爽的人和事能瞬间“传染”众人，果断摒弃负能量，对团队的发展百利而无一害。手机扫描下方二维码观看视频，看看聊天高手是如何讲解本节内容的。

委屈感

生活中我们经常见到这样一类人，他们总是把眼光放在不如意的地方，然后加以抱怨，甚至认为自己是世界上最不幸的人。表面上看，委屈感强的人好像真的生活在一个非常不幸的环境中，以至于他能够产生这样一种精神上的痛苦。但事实上，他未必真的受到什么困难和挫折。委屈感只是一种心理上的感受，大多与自己的修炼有关。与这样的人聊天时，我们说话要措辞严谨，多注意对方的感受，针对对方产生委屈感的原因尽量将其引导至积极的方向。

委屈感产生的因素众多，大多是因为自己的私欲而产生的，比如内心欲望太强，一旦在现实生活中得不到满足，就会感到失落委屈；对自己迁就太多，很多时候，强迫自己做一些不愿意做的事情，做完以后又觉得违心难过；对别人太苛刻，总是认为别人应该去做什么，结果与自己的预期并不相同，这时他们就会感到不满意，进而滋生出委屈的心情。人一旦觉得委屈，就很难开心起来，因为在他心中，自己总是在遭遇不公平的待遇，好像付出的永远要比得到的多，自己所有的付出并没有获得应有的报酬一样。

经常与一个委屈感强的人在一起相处，或者是在一起生活，也会不经意间被传染，从而难以开心起来。坏情绪就像是一个磁场，一旦有人进入这个磁场之中，那么无论这个人怎样开心快乐，如果不能把这个委屈感强的人带出困境，那他就可能被磁化，自己也变成一个充满负面情绪的人。

案例1 乐乐是一个活泼开朗的孩子，在幼儿园中，总是有很多小朋友来找她玩，大伙都开开心心的。回到家中，乐乐总是给父母讲一些幼儿园的趣事，让人觉得孩子的世界真是美好。后来父母因为工作的关系，需要出国半年，于是乐乐改由奶奶照看。

奶奶是一个委屈感非常强的人。每当闲来无事，奶奶就会给乐乐讲一些她年轻时候的故事，包括当时的生活条件怎样艰苦，自己怎样含辛茹苦地抚养孩子，怎样忍受爷爷对家庭的不负责任等。这个时候，乐乐就会一脸委屈地说道："奶奶真可怜！"

有时候，放学回来的路上，奶奶还会问乐乐，"今天有没有小朋友主动找你玩呀?"，"为什么老师没有选你当小队长呀?"，诸如此类的问题。

慢慢地，乐乐也多了很多这样的思考。每当原本在自己身边的小朋友跑到别处去玩，乐乐就开始伤心，觉得小朋友不再喜欢自己了；每当老师不再表扬她，她就觉得老师不喜欢自己了。于是乐乐的生活中充斥着很多不快乐。每天回到家以后，她听着奶奶不断地向爷爷抱怨自己的辛苦和委屈，她也就开始向奶奶诉说自己的委屈。

半年之后，乐乐的爸爸、妈妈回国，感觉乐乐像变了一个人。每天放学回家，乐乐都告诉妈妈，"幼儿园谁谁谁不喜欢跟她玩”“老师又没表扬她”，诸如此类的话。

这种状况让妈妈感到非常无奈，不知道怎么才能让乐乐重新变回之前快乐的样子。

案例解读　从生活中我们不难发现，委屈感强的人通常都是以自我为中心，总是从自己的得失看待周围的一切，所以，不可避免地就会产生委屈感，与人交流的时候也总是习惯于诉苦。这样一来，就没有人愿意跟他们交朋友，因为大家彼此沟通为的是分享快乐，而不是互相影响彼此的好心情。人活在世上，最大的意义就是要快乐。如果自己总是沉浸在痛苦和委屈之中，那么生活的很多美好就会被遮蔽，那短短的美好时光岂不是虚度？所以，在不影响和伤害别人的前提下，我们要尽自己最大的可能开心快乐。

当我们变成一个快乐的人，我们就能去影响别人。与别人沟通的时候，语言幽默风趣，思维灵活，总是能够带给人们很大的新鲜感和吸引力，别人因为我们的快乐而快乐，这才是与人沟通的意义和价值。如果我们每一个人都能有这样的修为，能够设身处地为别人着想，从自己的改变入手，帮助别人变得快乐、富足，那么社会自然无比美好。

一个人的成功可以包括两个方面：一方面是赚钱，另一方面就是成长。赚钱，顾名思义，就是给自己赚取足够的财富；而成长，则是一个人修为的不断提升，让自己心胸越来越豁达，能够站在一个公平的立场去看待问题，给自己一个准确的定位，不能总是将自己放在一个受伤的位置。事实上，委屈只是自己的事情，是自己内心争斗的一个结果。或许你自己认为受到了天大的委屈，但是在别人看来只是一件寻常的事情罢了。所以，要学会让自己成长，将自己最好的一面呈现给大家，这样大家才愿意围绕着你，成就你交际高手的地位。

现今社会，太多的人认为拥有了足够的财富就会快乐，而忽略了对自己的人生修炼。事实上，提升自己的修为和赚钱并不矛盾，甚至不断地修炼自己还会获得更大的财富。因为我们把自己修炼得越来越好，才知道如何去与别人相处，团结别人，才会换来别人的欣赏和认同，使得更多的人愿意靠近我们，帮助我们。这样我们势必能够事半功倍地实现自己的人生理想。

案例2　小陈大学毕业以后，在一家小公司当职员。作为北漂一族，他每天挤公交、挤地铁，赶到公司将近两小时。听他说得最多的一句话就是“北漂的生活实在是太苦了”。他努力地工作，想要超越其他的同事，希望有一天能够得到老板的赏识，被提拔，尽早能在北京租个离公司近、带洗手间的一居室。

每次和同事在一起，小陈总是诉说自己的日子有多苦，自己的努力老板没有看见。同事们背地里给他取了一个绰号——“怨妇陈”。虽说是玩笑，但是小陈知道后却非常生气，觉得自己已经这样悲惨，同事们竟然没有丝毫同情之心。

小陈开始学会了一个人下班回家喝闷酒。再后来，大家都受不了他的抱怨了，一察觉他有倒苦水的苗头，就找个借口开溜。

小张与小陈的生活比较相似，也是辛苦的北漂一族。但是小张的生活态度却与小陈截然不同。他说虽然现在的生活有些紧张，但是这是自己的选择，为了实现自己远大的梦想，辛苦也是一种幸福。因为有这样的自信与胸襟，所有同事们有事总喜欢跟小张谈一谈，同时小张工作中的热情表现也被老板看在眼里。

新年伊始，公司内部人员调整，小张被提拔成部门主管。

就在小张信心满满宣布就职宣言时，小陈又习惯性地小声抱怨：“唉，我工作能力也不比小张差呀！怎么老板就不重视我呢?”。

案例解读 一个人要成功首先要远离委屈感，以避免给旁人造成消极影响。这样才能获得好人缘。所谓成功，并不只是有钱有地位，同时还要成为一个受人喜欢与欣赏的人，只有实现赚钱与成长共同进步，才是人生的大成功。

委屈感对人的成长极为不利，它总是将人局限在自己的一亩三分地上，使人心胸狭隘，缺乏大的格局。

相传鸡和鹰最开始是同一类鸟，它们每天出去觅食，鸡总是看着眼下，没等飞多久就落下觅食，没飞几步又开始落下，后来，它干脆走着觅食，再也不飞了，最后翅膀退化，再也不能飞翔。而鹰有着大格局，它胸怀蓝天，总是盘旋在天空之上，寻找更大的猎物。所以，一个人想要成功，决不能安于现状，更甭说抱怨当下了，必须要拥有远大的抱负，眼光放远，学会包容和接纳很多人和事。这就是一种修炼。

我们要不断地修炼自己，同时要尽可能地去多影响别人，带动更多的人一起提升。因此，我们心中要有一个正确的认知，我们今天所有的修炼，是为了让身边的人过得更快乐，让自己过得更快乐，让自己成为一个让别人欣赏的人，成为一个有能力迎接更大财富的人。而要做到这一切，必须要做到的就是放下，放下自己的委屈感，检讨自己的行为，不断地修炼自己，让自己变得更好。

视频30　别让你的委屈感误伤了别人

委屈感会不断影响我们的心情，导致悲观失望，负面情绪持续释放，伤了自己也伤了别人。手机扫描下方二维码观看视频，看看聊天高手是如何讲解本节内容的。

有物·有理·有情

说话是一门非常重要的学问,有的人说话总能得到别人的相信与认可，让人喜欢听他说话，并且慢慢积攒起非常高的人气。而有的人喜欢说话，逢人就说，乐此不疲，但是却遭到别人的反感和不信任。

之所以会出现这样的状况，就是因为人们说话的方式和技巧不同，语言所发挥出来的力量不同。

说话最重要的就是能打动人，让人们对你产生信任和兴趣，从而愿意在生活中与你结交，或者是向你提供一些帮助。那么，怎样能够做到让无形的语言打动人呢？这就要求你在说话时做到言之有物、言之有理、言之有情。

一个人的言语如果能够做到言之有物，那么当别人听到他说话以后，就会在脑海中产生一定的画面感。这样的语言才会更加生动真实，说话者给人的感觉会更加踏实，逻辑思维比较清晰，从而赢得更多人的信赖。相反，一个人说话空洞无物，即使当时让人感觉天花乱坠，但是事后每一句都经不起推敲，那他最终会失去别人对他的信任。

案例1 李峰假日期间回老家，在大街上无聊地闲逛，这时昔日同学小孙迎面走来。他们在学校的时候，曾经是非常要好的朋友，于是二人热烈拥抱，互相嘘寒问暖。临别的时候，小孙还非常热情地说："真是好多年不见，这样吧，改天我们约个时间好好喝一顿！我今天有事，先走了。"说完扬长而去，只留下李峰在大街上一阵尴尬，他对这种约定感到可笑，因为这种约定客套的意味太过于浓烈——相互都没有留下联系方式。李峰也只能感慨时过境迁，人事俱变了。

后来李峰继续在大街上走着，又恰巧碰见了曾经的同班同学小赵。二人上学时关系一般，但是如今偶遇还是想起了当年的同学情谊。小赵约李峰星期日下午三点到家中相聚，并告诉了李峰电话和地址，李峰非常高兴地答应了。

再后来，李峰和当地的几位同学都建立起了联系，但是来往更多的还是小赵。李峰说小赵给人的感觉总是踏踏实实，从来不说什么空话，小孙则不然，十句有九句是没影儿的，根本不值得信赖。

案例解读 如果我们对别人说"我是真的为了你好"，无论措辞多么华丽，只要让对方感觉不真诚，就难以得到对方的信任。所以跟别人说话，要具体而真实，这样才会让别人踏踏实实地相信我们。

言之有理是与人相处的过程中赢得他人尊重的重要方法。自古以来，"理"在说话交流中就占有非常重要的地位。有理的话人人都信服，而无理的话则被人们看成是笑谈。所以，人们常说的"有理走遍天下，无理寸步难行"。为人处世，说话做事都要做到有理可循。无理搅三分的人，人们势必会远离，即便不远离，同他在一起的时候大多也只是聊一些无关痛痒的话题，而真正的大事、有意义的事，别人是不会同他分享的，因为他不值得别人信任。

案例2　向阳机械厂由于工作调动关系，技术总监的职位有了空缺。工人们都蠢蠢欲动，想要力争这个职位。其中呼声最高的要算是老王，他在工厂工作时间长，是经验最丰富的员工之一。于是大家纷纷猜测，这一次老王可能要晋升了。虽然老王没有明确表示自己的想法，但是内心也充满了期待。

然而让大家失望的是，经理突然带来一个年轻的小伙子，并且当场任命他为新一任的技术总监。大家纷纷表示不解，更有人公开表示不满。论资历和经验，老王应该是最合适的人选，不明白厂里为什么会有这样的安排。后来，经理解释说，工厂的技术程序太落后，想要适应社会发展生存下去，就必须要进行技术改革。新总监小王有着非常先进的技术思维，能够带领大家走向一个新的境界。对此大家纷纷表示不服，觉得小王的技术理论根本不及老王脚踏实地的技术经验。

为了让大家信服，经理就一项技术改革让小王和老王分头给出改革建议。公布成果的那一天，老王的方案虽然勾勒出一幅非常美好的图景，但是这仅仅是凭借经验想象出来的，理论依据并不是很充分，改革的突破性也比较小。而小王的方案，有理有据，每个环节都精准地计算出数据，他的分析能力和思维能力都让大家心服口服。

从那以后，小王的职位再没有人表示异议，所有人都佩服他做什么都是有理有据，能够胜任工作。小王的工作得到了大家的支持，工厂的发展越来越好。

案例解读 生活中不乏言之有理的人，而他的身边也总是会围绕着很多真心的朋友和追随者，这就是“理”的魅力所在，它能够让你在生活和事业中都得到很大的成功。

言之有情是人与人交流沟通的一种技巧。中国人注重人情，解决问题的时候，通常会动之以情、晓之以理，习惯用情去打动别人。所谓言为心声，说话主要表达的是内心的情感，所以人们在说话的时候要情真意切，富有情怀。

案例3 小强是一个地地道道的农村孩子，他是村子里少有的几个大学生之一。父母含辛茹苦地供他上学，将他奉为山里飞出的“金凤凰”。小强大学毕业以后，想在县城创业，他选择的是保健品销售。为了做好销售，小强提前做了非常充足的准备，可以说相关的保健品知识他可以倒背如流。在他看来，这绝对万无一失了。

然而事情并不像他想象的那样顺利。做业务的时候，小强似乎根本没有忘记他是“金凤凰”，总是给人一种难以亲近的感觉。他不断地在说着那些保健品的知识，人们表面上出于礼貌在听，可之后没有一个人买他的产品。眼看时间过去了，小强的业务没有丝毫进展，他开始着急了，觉得自己努力的方向错了。

后来他去向有经验的业务员学习，这才知道，原来做业务也需要打感情牌。不仅生活上与人交流要言之有情，做生意同样重要。学习到了这一沟通技巧以后，小强在做业务的时候明显热情了很多，给顾客推荐产品总是真心实意从实际需求出发。很多客户都渐渐被他打动，成为他稳定的客源。

案例解读　人是感情动物，我们不能总是站在自己的角度上去想问题，而是在说话时要有自己的情怀。一个麻木的人或者是一个虚情假意的人，在生活上必定不会有太广的交际和真心真意的朋友。如果我们的内心有充沛的情感，就要学会如何分享给别人，这样别人才能够感受到我们的真心，进而与我们交往。

总之，想成为一个交际高手，成为一个跟谁都能聊得来的人，在说话时就要注意做到有物、有理、有情。

视频 31　言之有物、有理、有情，让对方从心底认同你

沟通不是智商的较量，而是情商的对决，能做到言之有物、言之有理、言之有情，你自会熠熠生辉、魅力十足。手机扫描下方二维码观看视频，看看聊天高手是如何讲解本节内容的。

做大师，不做讲师

生活中我们经常会遇到这样一类人，他们喜欢做“讲师”，动不动就给别人说教。在聊天的过程中，他们非常自然地就切换到心灵鸡汤模式，并且乐此不疲，丝毫不管对方是否乐意听。他们非常乐于指点别人，即使别人已经表现出不耐烦的情绪，他们也不知反省。事实上，在人际交往中，这一类人是很不受欢迎的。他们的话太多，没有摆正自己的位置。

如果我们想要在生活中跟谁都能聊得来，那么我们就要学会做“大师”，而不是“讲师”。大师有自己的修为，通常不会去自我炫耀，而是等着有缘人自己前来学习。就好像人们到寺院中烧香，信徒们都是心甘情愿去的一样。当你成为一个谈话的大师，那人们自然愿意同你交流，当他们遇到问题的时候，会主动找你沟通，有欢乐的时候就会愿意同你分享，这才是与人交流的最高境界。

案例　邻居李阿姨是一个勤劳能干的人，干什么都非常麻利，生活中也愿意帮助别人，但是她性格上有一个非常大的缺点，那就是太过强势、喜欢说教。性格强势的人比比皆是，但是这位李阿姨好像问题非常严重。她不仅在自己熟知的范围内说教，同时还在各种她并不是很懂的领域内说教。无论跟谁交往，只要她能搭上话的，必定会发出一番“宏论”，最后引得别人不高兴，她也只好无可奈何地离开。因此，周围的人都对她敬而远之，即使是那些曾经接受过她帮助的人，也都远离了她，因为受不了她无休止的说教。

李阿姨不光对外人这样，在自己的家中也非常强势。自己的儿媳妇做饭，她就站在厨房的边上指导，“你这菜不能这样切!”“你赶紧下锅呀!”“快点翻一翻，菜都快要糊了!”儿媳妇被她指挥得一团忙乱，炒菜工序也全忘了。

从那以后，李阿姨的儿媳妇就彻底成了甩手掌柜，基本上不再做家务了，因为无论自己做什么，都会引来李阿姨的一番指导。虽然李阿姨并没有指责，是满脸堆笑地教儿媳妇怎样去做，但是那种指教的语气和态度让儿媳妇难以忍受。

李阿姨因为性格强势，人们都不太愿意与她接触，只有经常一起跳舞的王阿姨没有远离她。李阿姨在王阿姨面前，说教少了很多，相处还算融洽。

虽然王阿姨是李阿姨唯一的朋友，但是王阿姨却还有着很多朋友。她平时总是话不太多，但知道什么样脾气秉性的人应该怎样去相处，所以，别人有什么心里话都愿意跟她聊。

看到这种情形，李阿姨经常向王阿姨抱怨，同样是与人相处，同样是对别人非常热心，但是得到的结果却相差甚远，自己到底做错了什么呢?

案例解读 事实上，李阿姨之所以付出得不到应有的回报，主要问题还是出在与人沟通的方式上。她在与人交流的过程中只注重自己的心里感受，一吐为快，根本就没有考虑听者的感受，她所体现的只是一个“讲师”的行事作风——我只负责讲，至于你听到多少，领悟多少，与我没有太大的关系。但是，人与人交流需要用心，只有拥有“大师”风范的人才能得到人们的尊重与信赖。

那怎样才能成为一个沟通“大师”呢？这就需要我们去认识自己的沟通对象。所谓认识，并不是知道他的名字和地址，而是要学会揣摩他的个性，知道他属于哪一类人，从而决定自己采取怎样的态度去与之沟通。有句俗语说：“一类人可以批，一类人跟他聊，一类人只能哄。”这句话是指与人沟通的时候，首先要看他的修为。

视频 32　与人沟通要做大师，不做讲师

有一种人说话滔滔不绝、头头是道，还总爱说教。真正的交际大师，话不多，但句句都能说到点子上。手机扫描下方二维码观看视频，看看聊天高手是如何讲解本节内容的。

感谢所有不配合的人

生活中，我们总是需要与各种各样的人接触，有的人个性相投，成为真心相交的朋友；有的人则因为没有共同语言而擦肩而过，还有的人因为种种原因，成为我们不喜欢的人。那么，所有出现在我们身边的人对我们的人生会有什么影响呢？也许很多人会说，朋友是来帮助我们的，陌生人与我们无关紧要，而那些不配合我们的人则是来阻碍我们美好发展的。事实上，这只是一种片面而狭隘的想法。每一个出现在我们生命中的人都对我们的生命有着非常重要的意义，关键是我们能否很好地与其进行交流，尤其是那些不配合我们的人，如果我们能够掌握说话的艺术，或许就会得到意想不到的效果。

凡事要一分为二地去看待。一件事情是好是坏，一个人是好是坏，关键是要看你对其保持一个怎样的态度。态度受观念和心态的影响，是一个人修为和情绪的外现。如果一个人的修为很高，那么他对人对事的态度就会上升到很高的层次，他们就会用一种正确的态度，带着感恩的心去看待那些不配合他们的人和事。他们知道，配合的人都是在帮自己完成任务和使命，而那些不配合的人则是在帮助自己增长功力。

关于配合的问题，我们看到最多的是在职场。我们要生活，要工作，那么就一定要懂得如何在职场中更好地发展自己。生活中，我们总是喜欢那些恭维顺从我们、会跟我们聊天的人，而对那些不配合的人深恶痛绝。但是我们不妨想想，如果我们一直生活在顺境之中，每天享受着人们的奉承与顺从，几年、十几年，总是在跟固定的人交流，总是跟那些熟悉的人聊得来，那我们能够不断进步吗？

相反，那些生活在逆境中的人，总是在接受着不断的挑战与意见，促使他们不断地改进与修炼，能力得到很大的提升，使得自己的生活发生了质的飞跃。

案例1　王东和陈欣是两个好朋友。他们大学毕业之后，同时进入职场，分别就职于两家大的上市公司。王东是一个工作能力强、为人非常随和的人，他对生活中的事情看得比较淡，别人对他的建议和意见都能够接受。陈欣的工作能力也非常强，但是在性格方面，他比较强势，凡是喜欢按照自己的方法去处理，任何不同的意见都会让他非常恼怒，难以容忍。

工作的第一年，王东和陈欣都凭借各自出色的工作能力，从一个无名小卒上升到了一个部门小组长。过去他们的身份是工作最底层员工，所以，工作中没有什么想法和纠纷，但是现在身份转变，他们不仅自己要努力工作，同时还要团结好自己的组员，使大家共同朝着好的方向努力。在身份转换上，王东要比陈欣做得好得多。

在王东的小组中，有一个组员的工作方式非常独特，经常不按常理出牌，每次王东布置任务下去，他总会有各种各样的理由提出反对意见。这让王东非常恼火，感觉自己的权威受到了挑战，但是仔细想想，这位员工有时意见还比较在理，于是他便私下好好地与其交流探讨，发现这位员工的很多建议都有可取之处，于是他放平自己的心态，将自己的想法说给对方听，最后二人因为沟通融洽，达成了统一的意见。渐渐地，王东的业务能力有了很大的提高。

陈欣的员工中也有这样一位，很多时候都不配合陈欣的工作。这让陈欣非常懊恼，心想："我好歹也是个组长，如果随便一个员工都来挑战我的权威，那我以后还怎样开展工作呀！我可不能这样好说话。"于是陈欣在与这位员工说话的时候，总是用命令口气以显示自己的威严，员工因为沟通不善而越发不配合。

久而久之，王东似乎越来越重视那些对他提出意见、不盲目配合的人，而那些不配合的人也敢于直言，他们之间形成了一种非常好的沟通模式，小组成绩总是部门第一。而陈欣的状况则完全不同，有些不配合的人因为陈欣的打压，不再出声，表面上大家一派祥和，业务上却没有进展。

三年之后，王东因出色的表现和良好的沟通能力得到了上司的青睐，被升任为中层经理，而陈欣，因业务不突出，连小组长的职位也没保住。就职典礼上，王东特意对那些不配合他的员工表示感谢，说没有他们的磨炼与锤打，自己的修为也不会得到提高。

案例解读 通过上面的案例我们知道，不是所有的反对和不配合对我们都是伤害，关键是我们怎样去理解和对待。所以，我们要多去思考，为什么身边的某些人会不配合我们，是我们自己的问题还是对方故意刁难？

还有一些人在生活中不配合我们，他们并不是出于好意，但是我们却因为他们的刁难和伤害让自己获得了更大的进步，成为一个成功的人士。那么，我们也有理由去感谢他们，因为没有他们丑陋的行为和巨大的伤害，我们或许就不会有奋发进取的精神。

案例2 韩信是汉代的开国功臣，是一位伟大的军事家。他年轻的时候，家境贫寒，从小就失去了双亲。那时候，他不懂得经商，家里也没有什么积蓄，他也不愿意以种田为生，整天过着穷困潦倒的生活，经常食不果腹。因此，经常被那些势利小人瞧不起。

有一次，韩信走在大街上，碰见一个非常顽劣的年轻人，对方当着众人的面就开始侮辱自己。

“韩信，你表面上看起来身材魁梧，还佩着刀剑，但是你却是一个十足的胆小鬼。要不我们来验证一下，如果你不怕死，就用你身上的剑刺我；如果你怕死，那么就从我的裤裆下面钻过去吧。”说完，他叉开自己的双腿，发出响亮的笑声。

这时人们都围观过来，韩信直直地注视着这个人，然后跪在地上，低下头，从他的胯下钻过去了，之后又向前爬了几步。于是满大街的人都在嘲笑韩信软弱无能，认定他是一个怯懦的胆小鬼。

后来，韩信奋发努力，终于成就了功名。有一天，韩信召见了当年那个侮辱自己的人。韩信不仅没有惩罚对方，反而封了对方一个官职。韩信对所有官员说：“这位当年侮辱我的人是一位壮士，如果没有他当年对我的侮辱，我可能成就不了今天的大业。”

案例解读　韩信甘受胯下之辱的故事，不仅告诉我们大丈夫行事要多加忍耐，同时我们还能从中感悟到，那些曾经伤害过我们的人带给我们更多的激励，以至于我们将那些自己都没有发现的能量发掘出来，用于自己的事业之中，进而一步步向成功迈进。

因此在生活中，我们要勤于思考，不断提高自己的分析能力，好好地去判断那些不配合我们的人，他们为什么会这样做，这样我们就能知道该如何去与他们沟通。如果他们的初衷是好的，即使方式和方法欠妥，我们也要学会接受与沟通，使之朝着更好的方向发展。另外，我们还要学会发现生活中的小人，很多人是伪善的，他们善于攻心术，善于用溢美之词让我们受骗上当，等到我们没有利用价值了，他们就会撕掉伪善的面具，露出本来的狰狞面目。所以，我们要不断地修炼，不断地提高自己的修为，在与人沟通的过程中，学会辨识哪些人值得深交，哪些人必须远离，同时也要放宽心胸，感谢那些不配合的人带给我们的成长。

视频 33　感谢不配合你的人，他们每设一道障碍，你就增一重修为

感谢不配合你的人，是他们让你发现自己的潜能，逐渐迈向成功。手机扫描下方二维码观看视频，看看聊天高手是如何讲解本节内容的。